も　く　じ

JN008264

本書の特長と使い方 …………………………………… 2

1　いろいろな生物とその共通点① ………………… 4
2　いろいろな生物とその共通点② ………………… 6
3　いろいろな生物とその共通点③ ………………… 8
4　生物のからだのつくりとはたらき① …………… 10
5　生物のからだのつくりとはたらき② …………… 12
6　生物のからだのつくりとはたらき③ …………… 14
7　生命の連続性① …………………………………… 16
8　生命の連続性② …………………………………… 18
9　身のまわりの物質① ……………………………… 20
10　身のまわりの物質② ……………………………… 22
11　化学変化と原子・分子① ………………………… 24
12　化学変化と原子・分子② ………………………… 26
13　化学変化と原子・分子③ ………………………… 28
14　化学変化とイオン① ……………………………… 30
15　化学変化とイオン② ……………………………… 32
16　化学変化とイオン③ ……………………………… 34
17　光と音の性質 ……………………………………… 36
18　力 …………………………………………………… 38
19　物体の運動 ………………………………………… 40
20　仕事とエネルギー ………………………………… 42
21　電流とその利用① ………………………………… 44
22　電流とその利用② ………………………………… 46
23　電流とその利用③ ………………………………… 48
24　大地の変化① ……………………………………… 50
25　大地の変化② ……………………………………… 52
26　天気とその変化① ………………………………… 54
27　天気とその変化② ………………………………… 56
28　地球と宇宙① ……………………………………… 58
29　地球と宇宙② ……………………………………… 60
30　自然・科学技術と人間 …………………………… 62

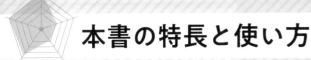

本書の特長と使い方

本書の特長

・高校入試の勉強をこれから本格的に始めたい人におすすめの問題集です。
・中学校で学習する理科の内容が30単元に凝縮されています。1冊取り組むことで，自分がどれくらい理解しているのか，どの分野を苦手にしているのかを明確にすることができます。
・解答には，答えと解説だけでなく，注意すべき点や学習のポイントなどもまとまっており，明確になった苦手分野を対策するためのフォローが充実しています。

本書の使い方

step1

まずは，本冊の問題に取り組みましょう。その際，教科書や参考書などは見ずに，ヒント無しで解くようにしましょう。

その単元を学習する学年の目安です。まだ習っていない単元がある場合は，習った単元から取り組んでみましょう。

その単元の合計得点と，問題ごとの得点が，両方記入できるようになっているので，苦手な分野・苦手な問題を把握しやすくなっています。

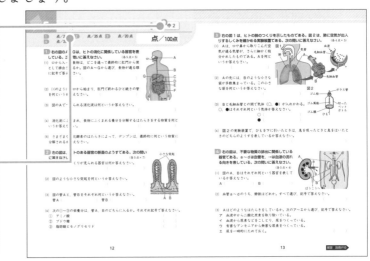

step2

解き終わったら答え合わせをして得点を出し，別冊解答P62・63にある「理解度チェックシート」に棒グラフで記入して，苦手分野を「見える化」しましょう。

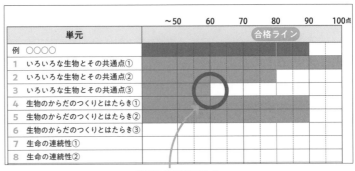

	単元	～50	60	70	80	90	100点
例	○○○○			合格ライン			
1	いろいろな生物とその共通点①						
2	いろいろな生物とその共通点②						
3	いろいろな生物とその共通点③						
4	生物のからだのつくりとはたらき①						
5	生物のからだのつくりとはたらき②						
6	生物のからだのつくりとはたらき③						
7	生命の連続性①						
8	生命の連続性②						

苦手分野発見！

　得点が低かった単元は，そのページの解答にある「学習のアドバイス」や「覚えておきたい知識」を読んで，今後の学習にいかしましょう。

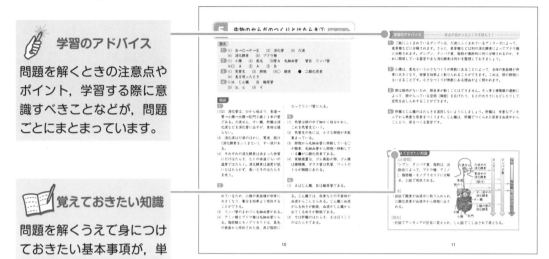

🖐 **学習のアドバイス**

問題を解くときの注意点やポイント，学習する際に意識すべきことなどが，問題ごとにまとまっています。

📖 **覚えておきたい知識**

問題を解くうえで身につけておきたい基本事項が，単元ごとにまとまっています。

今後の学習の進め方

　本書を一通り終えたら，次のように学習を進めていきましょう。

① **すべての単元が，「合格ライン」80点以上の場合**

…入試に向けた基礎力はしっかりと身についているといえるでしょう。入試本番に向けて，より実践的な問題集や過去問に取り組み，応用力を鍛えましょう。

② **一部の単元が，「合格ライン」80点に届かない場合**

…部分的に，苦手としている単元があるようです。今後の勉強に向けて，問題集や参考書で苦手な単元を集中的に復習し，克服しておきましょう。

③ **多くの単元が，「合格ライン」80点に届かない場合**

…もう一度，基礎をしっかりと学び直す必要があるようです。まずは教科書を丁寧に読み直し，基本事項の理解や暗記に努めましょう。

| 1 | 点／20点 | 2 | 点／20点 | 3 | 点／60点 |

点／100点

1 右の図は，学校のまわりに生えていたタンポポとドクダミの分布地図であり，地図の上側が北を表している。〇と●は，タンポポとドクダミがそれぞれ多く生えていた場所を示している。次の問いに答えなさい。

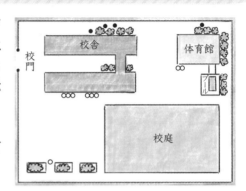

(各10点×2)

(1) 図の●は，タンポポとドクダミのうち，どちらの生育場所を示しているか答えなさい。

(　　　　　　　)

(2) タンポポが多く見られた場所の日当たりや地面の湿りけについて正しいものを，次のア〜エから選び，記号で答えなさい。
ア　日当たりがよく，地面は乾いている。
イ　日当たりがよく，地面は湿っている。
ウ　日当たりが悪く，地面は乾いている。
エ　日当たりが悪く，地面は湿っている。

(　　　　　　　)

2 ルーペを使った観察について，次の問いに答えなさい。　(各10点×2)

(1) ルーペの拡大倍率はおよそ何倍か。次のア〜ウから選び，記号で答えなさい。
ア　5倍〜10倍　　　イ　20倍〜40倍　　　ウ　40倍〜100倍

(　　　　　　　)

(2) 手に持った花をルーペで観察するとき，ルーペの正しい使い方はどれか。次のア〜ウから選び，記号で答えなさい。

(　　　　　　　)

ア　　　　　　　　　イ　　　　　　　　　ウ

ルーペを前後に動かしてピントを合わせる。　顔を前後に動かしてピントを合わせる。　花を前後に動かしてピントを合わせる。

3 下の図1は，アブラナの花を採取して，1つの花をA〜Dの各部分に分解して並べたものである。次の問いに答えなさい。

(各10点×6)

図1

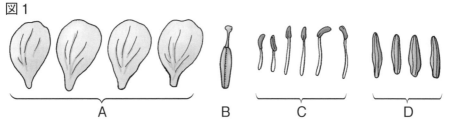

A   B   C   D

(1) A〜Dを，花の外側にあるものから花の中心にあるものへと順に並べ替えなさい。

(→   →   →   )

(2) 図1のように，Aが1枚1枚離れている花を何というか答えなさい。

(   )

(3) 右の図2は，Bのつくりを示したもので，aはBの先端部分，bはふくらんでいる部分，cはBの内部にある丸い粒状のつくりである。

図2

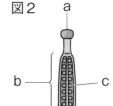

① a，b，cの部分を何というか。次のア〜エから選び，記号で答えなさい。

ア a…柱頭 b…子房 c…胚珠
イ a…子房 b…柱頭 c…胚珠
ウ a…子房 b…胚珠 c…柱頭
エ a…柱頭 b…胚珠 c…子房

(   )

② Bの部分はやがて果実になり，その中に種子ができる。Bの部分が変化するには，(   )が柱頭につくことが必要である。これを受粉という。(   )にあてはまることばを答えなさい。

(   )

③ 果実の中にできる種子は，花の何という部分が変化したものか答えなさい。

(   )

(4) アブラナのように，胚珠が子房の中にある植物のなかまを何というか答えなさい。

(   )

解答 別冊P2

1 点／30点 2 点／20点 3 点／30点
4 点／20点

点／100点

1 右の図1は，マツの新しい枝がのびたときのよう
すである。図2は，マツの雌花と雄花から採集した
りん片である。次の問いに答えなさい。　（各6点×5）

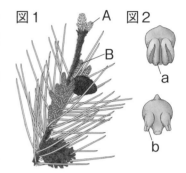

図1　　A　図2
B
a
b

(1) 図1のA，Bのうち，雌花はどちらか。記号で答
えなさい。　　　　　　　　　　　　　（　　　）

(2) 図2のa，bをそれぞれ何というか答えなさい。
a （　　　　　　　　）　b （　　　　　　　　）

(3) マツの花についてあてはまるものを，次のア～カからすべて選び，記号で答えな
さい。
ア　がくや花弁がある。　　　　　　　イ　胚珠と子房がある。
ウ　胚珠はあるが，子房はない。　　　エ　胚珠はないが，子房はある。
オ　花粉には空気袋がついている。　　カ　花粉は昆虫によって運ばれる。
（　　　　　　）

(4) マツのような花のつくりをもつ植物のなかまを何というか答えなさい。
（　　　　　　）

2 右の図は，トウモロコシとアブラナの葉と根のよ
うすをスケッチしたものである。次の問いに答えな
さい。　　　　　　　　　　　　　（各5点×4）

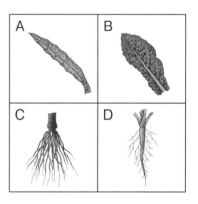

A　　　　　B
C　　　　　D

(1) トウモロコシの葉脈は，Aのように平行に並んで
いる。このような葉脈を何というか答えなさい。
（　　　　　　）

(2) アブラナの葉脈は，Bのように網目状に広がって
いる。このような葉脈を何というか答えなさい。
（　　　　　　）

(3) トウモロコシの根はC，Dのどちらか。記号で答えなさい。　　（　　　）

(4) 葉脈や根において，トウモロコシのような特徴をもつ植物のなかまを何というか
答えなさい。　　　　　　　　　　　　　　　　　　　（　　　　　　）

3 右の図1は，イヌワラビのからだのようすである。図2は，イヌワラビの葉の
裏でみられるものである。次の問いに答えなさい。

（各6点×5）

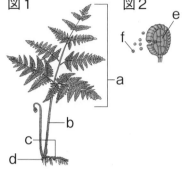

図1　図2

(1) イヌワラビの葉はどれか。図1のa～dからす
べて選び，記号で答えなさい。

（　　　　　　　　）

(2) 図2のeと，eでつくられるfをそれぞれ何と
いうか答えなさい。

e（　　　　　　　）　f（　　　　　　　）

(3) イヌワラビの特徴としてあてはまるものを，次のア～カからすべて選び，記号で
答えなさい。
ア　子房のない花をさかせる。　　　イ　根，茎，葉の区別がある。
ウ　根，茎，葉の区別がない。　　　エ　種子でふえる。
オ　胞子でふえる。
カ　多くは日かげや湿りけの多いところで生育する。　　　（　　　　　　　　）

(4) イヌワラビのような特徴をもつ植物のなかまを何というか答えなさい。

（　　　　　　　　）

4 植物を次の図のように分類した。図のA～Dにあてはまる分類の基準は何か。下
のア～エからそれぞれ選び，記号で答えなさい。

（各5点×4）

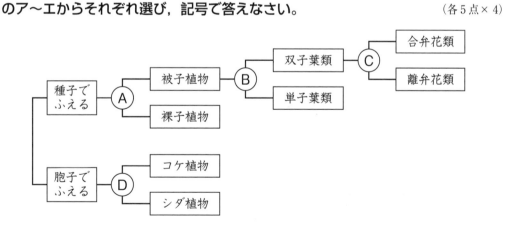

ア　子葉が1枚か，2枚か。
イ　葉，茎，根の区別があるか，区別がないか。
ウ　子房があるか，ないか。
エ　花弁がつながっているか，1枚1枚離れているか。

A（　　　）　B（　　　）　C（　　　）　D（　　　）

1

| 1 | 点／25点 | 2 | 点／25点 | 3 | 点／25点 |
| 4 | 点／25点 |

点／100点

1 右の表は，身近な動物をからだの
つくりや生活のしかたなどで，A～
Eの5つのグループに分けたもの
である。次の問いに答えなさい。

A	B	C	D	E
メダカ コイ	カエル イモリ	カメ トカゲ	ハト スズメ	ネコ ウマ

（各5点×5）

(1) A～Eの動物は，からだのつくりで共通した特徴をもっている。それはどのような特徴か，簡単に答えなさい。　　　　　　（　　　　　　　　　　　　）

(2) Bの動物は，何類とよばれるグループか答えなさい。（　　　　　　　　　　　）

(3) 次の①，②は，A～Eの動物を，どのような特徴によってグループ分けしたものか。下のア～エからそれぞれ選び，記号で答えなさい。
　　① （A，B，C）と（D，E）　　　　　　　　　　　　　（　　　　　）
　　② （A，B，C，D）と（E）　　　　　　　　　　　　　（　　　　　）
　　ア　卵生か胎生か。
　　イ　卵を陸上にうむか，水中にうむか。
　　ウ　肺呼吸かえら呼吸か。
　　エ　からだが羽毛や毛でおおわれているか，そうでないか。

(4) ペンギンはどのグループに入る動物か。A～Eから選び，記号で答えなさい。
　　　　　　　　　　　　　　　　　　　　　　　　　　（　　　　　）

2 右の図は，草食動物と肉食動物の頭骨を示した
ものである。次の問いに答えなさい。（各5点×5）

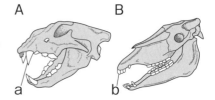

(1) 草食動物の頭骨は，A，Bのどちらか。記号で
答えなさい。　　　　　　　（　　　　　）

(2) a，bの歯をそれぞれ何というか答えなさい。
　　　　　　　　a（　　　　　　　　　）　b（　　　　　　　　　）

(3) Aがaの歯をもっていることは，どのようなことに役立っているか答えなさい。
　　　　　　（　　　　　　　　　　　　　　　　　　　　　　　）

(4) 視野が広く，いち早く敵を見つけることができる目の付き方をしているのは，A，
Bのどちらか。記号で答えなさい。
　　　　　　　　　　　　　　　　　　　　　　　　　（　　　　　）

3 右の図のA～Dは，いずれも背骨がない動物である。次の問いに答えなさい。

（各5点×5）

A バッタ　　B イカ　　　C アサリ　　D エビ

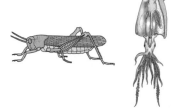

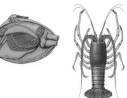

(1) 図のような背骨のない動物をまとめて何というか答えなさい。

（　　　　　　　　　　）

(2) 図の動物は，さらに，A・DのグループとB・Cのグループに分けることができる。
　① A・Dのグループを何というか答えなさい。　　　　　（　　　　　　　　　　）

　② A・Dのグループに共通する特徴は何か。次のア～ウから選び，記号で答えなさい。
　　ア　からだが3つの部分に分かれている。
　　イ　あしが6本ある。
　　ウ　からだが外骨格でおおわれている。　　　　　　　　　　　（　　　　　）

　③ A・Dのグループのうち，Aのなかまを何というか答えなさい。
　　　　　　　　　　　　　　　　　　　　　　　　　　　（　　　　　　　　　　）

　④ B・Cのグループのからだは，内臓がじょうぶな膜でおおわれている。この膜を何というか答えなさい。　　　　　　　　　　（　　　　　　　　　　）

4 右の図は，下の[　　　]の8種類の動物をいろいろな観点で分類したものである。次の問いに答えなさい。

（各5点×5）

| バッタ　カエル　スズメ　イカ |
| トカゲ　メダカ　カニ　　イヌ |

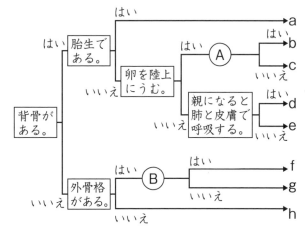

(1) 図のA，Bにあてはまる分類の観点を，次のア～エからそれぞれ選び，記号で答えなさい。
　ア　肺で呼吸する。
　イ　卵生である。
　ウ　体表は羽毛である。
　エ　あしが6本ある。
　　　A（　　　）　B（　　　）

(2) 図のb，e，fにあてはまる動物を，[　　　]からそれぞれ選んで答えなさい。
　b（　　　　　　）　e（　　　　　　）　f（　　　　　　）

9

解答　別冊P6

❶	点／30点	❷	点／20点	❸	点／30点
❹	点／20点				

点／100点

❶ 右の図のＡはヒトのほおの内側の細胞，Ｂはタマネギの表皮の細胞，Ｃはオオカナダモの葉の細胞をそれぞれ表したものである。次の問いに答えなさい。 （各5点×6）

(1) 図のa〜dの部分をそれぞれ何というか答えなさい。

a（　　　　　　　　） b（　　　　　　　　）

c（　　　　　　　　） d（　　　　　　　　）

(2) 酢酸カーミン液で赤色に染まる部分はどこか。上の図のa〜dから選び，記号で答えなさい。 （　　　　　）

(3) 植物の細胞だけにあるつくりを，次のア〜カからすべて選び，記号で答えなさい。

ア 核　　　　　イ 葉緑体　　　ウ 細胞壁

エ 細胞膜　　　オ 細胞質　　　カ 液胞 （　　　　　）

❷ 右の図のように，植物の葉を入れた試験管Ａと葉を入れない試験管Ｂに，息をふきこんでゴム栓をし，日光に当てた。30分後，試験管Ａ，Ｂに石灰水を入れてよく振り，石灰水の色の変化を調べたところ，一方の試験管だけ白くにごった。次の問いに答えなさい。 （各5点×4）

(1) 石灰水が白くにごったのは，試験管Ａ，Ｂのどちらか。記号で答えなさい。

（　　　　　）

(2) 次の文は，この実験で一方の石灰水が変化しなかった理由を述べたものである。空欄①，②にあてはまることばをそれぞれ答えなさい。

植物の葉で（　①　）が行われ，（　②　）が吸収されたから。

①（　　　　　　　　） ②（　　　　　　　　）

(3) この実験において，試験管Ａと試験管Ｂでは，植物の葉を入れたこと以外は同じ条件で実験している。このような実験を何というか答えなさい。

（　　　　　　　　　）

10

3 右の図１は，植物の茎の断面のようす，図 ２は，葉の断面のようすである。Ｘは，２種類 の管が束になって集まっている部分である。次 の問いに答えなさい。 （各6点×5）

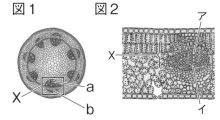

図１　図２

(1) 図１のＸの部分で，根から吸収した水や肥 料分が通る管が集まっているのは，ａ，ｂのど ちらか。記号で答えなさい。

（　　　）

(2) (1)の管を何というか答えなさい。

（　　　　　　）

(3) 図１，２で，Ｘの部分を何というか答えなさい。　（　　　　　　）

(4) 図２の葉のＸの部分で，道管の束があるのは，ア，イのどちらか記号で答えな さい。

（　　　）

(5) 被子植物の茎の断面を見たとき，図１のようにＸが輪のように並んでいるのは， 単子葉類と双子葉類のどちらか答えなさい。　（　　　　　　）

4 葉の大きさや枚数がほぼ同じ枝を３本 用意し，右の図の⑦～⑦のようにした。こ れを明るく風通しのよい場所に一定時間置 き，水の減少量を調べた。次の問いに答え なさい。 （各5点×4）

⑦葉の両側に　⑦葉の表側に　⑦葉の裏側に ワセリンを　ワセリンを　ワセリンを ぬる。　ぬる。　ぬる。

油
水　試験管

(1) 図のように，葉の表や裏にワセリンをぬっ たのは，何をふさぐためか答えなさい。

（　　　　　　）

	⑦	⑦	⑦
水の減少量 [g]	0.3	2.6	0.8

(2) 植物のからだの表面から，水が水蒸気となって出ていくことを何というか答えな さい。

（　　　　　　）

(3) (2)がさかんに起こるのは，葉の表側と裏側のどちらか答えなさい。

（　　　　　　）

(4) 葉の全体から出ていった水の量は何ｇか答えなさい。　（　　　　　　）

解答　別冊P8▶

1 点／25点　2 点／35点　3 点／20点
4 点／20点

点／100点

1 右の図のA～Gは，ヒトの消化に関係している器官を表している。次の問いに答えなさい。 (各5点×5)

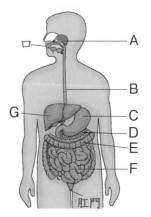

(1) 口から入った食物は，どこを通って最終的に肛門から便として排出されるか。図のA～Gから選び，食物が通る順に記号で答えなさい。

（　　　　　　　　　　　　　）

(2) (1)のように，口から始まり，肛門で終わるひと続きの管を何というか答えなさい。　（　　　　　　　　　）

(3) 図のAでつくられる消化液は何というか答えなさい。

（　　　　　　　　　）

(4) 消化液にふくまれ，食物にふくまれる養分を分解するはたらきをする物質を何というか答えなさい。　（　　　　　　　　　）

(5) さまざまな消化酵素のはたらきによって，デンプンは，最終的に何という物質に分解されるか答えなさい。　（　　　　　　　　　）

2 右の図は，ヒトのある器官の断面のようすである。次の問いに答えなさい。 (各5点×7)

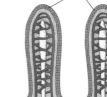

(1) 図のようなつくりが見られる器官は何か答えなさい。

（　　　　　　　　　）

(2) 図のような小さな突起を何というか答えなさい。

（　　　　　　　　　）

(3) 図の管Aと，管Bをそれぞれ何というか答えなさい。
　管A（　　　　　　　　　）　管B（　　　　　　　　　）

(4) 次の①～③の栄養分は，管A，Bのどちらに入るか。それぞれ記号で答えなさい。
　① アミノ酸　　　　　　　　　　　　　　　（　　　　）
　② ブドウ糖　　　　　　　　　　　　　　　（　　　　）
　③ 脂肪酸とモノグリセリド　　　　　　　　（　　　　）

12

3 右の図1は，ヒトの肺のつくりを示したものである。図2は，肺に空気が出入りするしくみを確かめる実験装置である。次の問いに答えなさい。 (各4点×5)

(1) Aは，口や鼻から取りこんだ空気が通る気管が，さらに細かく枝分かれしたものである。Aを何というか答えなさい。
　　（　　　　　　　　　　　　）

(2) Aの先には，Bのような小さな袋が多数集まっている。この小さな袋を何というか答えなさい。
　　（　　　　　　　　　　　　）

(3) Bと毛細血管との間で気体（○，●）が入れかわる。○，●はそれぞれ何という気体か答えなさい。
　　○（　　　　　　　　　　　）
　　●（　　　　　　　　　　　）

(4) 図2の実験装置で，ひもを下に引いたときは，息を吸ったときと息をはいたときのどちらのようすを表しているか答えなさい。
　　（　　　　　　　　　　　　）

図1

肺　気管　A　B
血液　毛細血管　毛細血管

図2

ガラス管　ゴム栓　ゴム風船　切ったペットボトル　ゴム膜　ひも

4 右の図は，不要な物質の排出に関係している器官である。a〜dは血管を，→は血液の流れる向きを表している。次の問いに答えなさい。 (各5点×4)

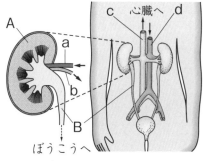

心臓へ　c　d　A　a　b　B　ぼうこうへ

(1) 図のA，Bはそれぞれ何という器官を表しているか答えなさい。
　　A（　　　　　　　）　B（　　　　　　　）

(2) 血管a〜dのうち，静脈はどれか。すべて選び，記号で答えなさい。
　　（　　　　　　　　　　　　）

(3) Aはどのようなはたらきをしているか。次のア〜エから選び，記号で答えなさい。
　　ア　血液中から二酸化炭素を取り除いている。
　　イ　血液から尿素などをこしとり，尿をつくっている。
　　ウ　有害なアンモニアから無害な尿素をつくっている。
　　エ　尿を一時的にためておく。
　　（　　　　　）

解答　別冊P10

生物のからだのつくりとはたらき③

1 右の図は，ヒトの血液循環のようすを表したものである。次の問いに答えなさい。　　　　　　　　　　　(各5点×6)

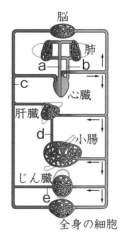

(1) 血液が心臓から肺に送られ，再び心臓にもどる循環を何というか答えなさい。　　　　　　　　(　　　　　　)

(2) 血液が肺以外の全身に送られ，再び心臓にもどる循環を何というか答えなさい。　　　　　　　(　　　　　　)

(3) 心臓から送り出される血液が流れる血管を何というか答えなさい。　　　　　　　　　　　　　(　　　　　　)

(4) 次の①～③の血液が流れる血管を，図のa～eからそれぞれ選び，記号で答えなさい。
① 酸素を最も多くふくむ血液。　　　　　　　　　　　(　　　　　　)
② 養分を最も多くふくむ血液。　　　　　　　　　　　(　　　　　　)
③ 不要な物質が最も少ない血液。　　　　　　　　　　(　　　　　　)

2 右の図は，ヒトの血液の成分を表したもので，A～Cは固形成分，Dは液体成分を表している。次の問いに答えなさい。　　　　　　　　　　　(各5点×6)

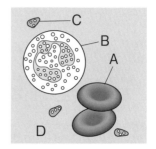

(1) A～Cをそれぞれ何というか答えなさい。
A (　　　　　　)　　B (　　　　　　)
C (　　　　　　)

(2) Aには，赤色の物質がふくまれ，酸素と結合して酸素を運ぶはたらきをしている。この赤色の物質を何というか。(　　　　　　)

(3) (2)の物質の性質を正しく述べているのはどちらか。次のア，イから選び，記号で答えなさい。
ア 酸素が多いところでは酸素と結びつき，酸素が少ないところでは酸素を放す性質。
イ 酸素が多いところでは酸素を放し，酸素が少ないところでは酸素と結びつく性質。
　　　　　　　　　　　　　　　　　　　　　(　　　　　　)

(4) 液体成分のDは，毛細血管からしみ出して細胞のまわりを満たしている。細胞のまわりを満たしている液を何というか答えなさい。　　(　　　　　　)

14

3 右の図1はヒトの目のつくりを，図2はヒトの耳の
つくりを表している。次の問いに答えなさい。

図1

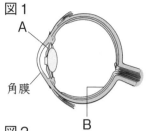

（各5点×5）

(1) 目や耳のように，外界から光や音などの刺激を受けと
る器官を何というか答えなさい。

（　　　　　　　　）

角膜

(2) 図1で，A，Bの部分はどんなはたらきをしているか。
次のア〜エからそれぞれ選び，記号で答えなさい。
ア　光の刺激を脳に伝える。
イ　目に入る光の量を調節する。
ウ　細胞が光を刺激として受けとる。
エ　光を屈折させ，像を結ばせる。

A（　　　）　B（　　　）

図2

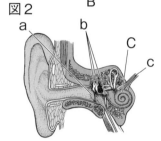

(3) 空気の振動を最初にとらえて振動する部分はどこか。図2のa〜cから選び，
記号で答えなさい。
（　　　）

(4) 図2のCは，内部が液体で満たされ，音の刺激を液体の振動として受けとる部
分である。Cを何というか答えなさい。
（　　　　　　　　）

4 右の図は，ヒトの神経系を表したもので，Bは感覚器官で
ある。下の①，②の反応について，次の問いに答えなさい。

（各5点×3）

① 握手をすると強く握られたので，強く握り返した。
② 熱いやかんに手がふれたとき，思わず手を引っこめた。

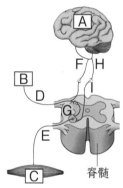

脊髄

(1) ①の下線部で，刺激を受けてから反応が起こるまで，信号
はどのように伝わったか。図のA〜Iから選び，伝わった順
に記号で答えなさい。（　　　　　　　　　　）

(2) ②の反応を何というか答えなさい。（　　　　　　　　）

(3) ②の反応と同じ種類の反応を，次のア〜エからすべて選び，記号で答えなさい。
ア　部屋が暑かったので，上着を脱いだ。
イ　転びそうになったので，思わず手を前にだした。
ウ　口に食物を入れると，だ液が出た。
エ　虫が飛んできたので，思わず目をとじた。

（　　　　　　　　）

解答　別冊P12▶

| 1 | 点／20点 | 2 | 点／20点 | 3 | 点／15点 |
| 4 | 点／25点 | 5 | 点／20点 | | |

点／100点

1 右の図1のように，発芽して1cmほどにのびたソラマメの根に，等間隔に印をつけて根ののび方を調べた。次の問いに答えなさい。　(各5点×4)

図1

A {
B {
C {

図2
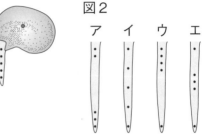
ア　イ　ウ　エ

(1) 2日後には，根はどのようにのびていると考えられるか。図2のア～エから選び，記号で答えなさい。　（　　　）

(2) 図1の根の細胞のようすを顕微鏡で観察した。A，B，Cの部分の細胞の大きさについて，最も大きい細胞が並んでいるのはどれか。記号で答えなさい。
（　　　）

(3) 次の文は，根がのびるしくみについて述べたものである。空欄①，②にあてはまることばをそれぞれ答えなさい。
　細胞分裂によって細胞の（　①　）がふえるとともに，ふえたそれぞれの細胞の（　②　）が大きくなることで根が成長する。
①（　　　　　　　）　②（　　　　　　　　）

2 下の図は，ある生物の体細胞の変化を模式的に表したものである。次の問いに答えなさい。　(各5点×4)

ア　　　イ　　　ウ　X　エ　　　オ　　　カ

(1) 1つの体細胞が2つの細胞に分かれることを何というか答えなさい。
（　　　　　　　）

(2) 図のXは何を表しているか答えなさい。　（　　　　　　　）

(3) アの細胞が変化してカの細胞になるまでに，イ～オの細胞はどのような順序で変化したか。正しい順序になるように並べ替えなさい。
（ア→　　　→　　　→　　　→　　　→カ）

(4) この細胞の変化では，染色体の数は変化していない。その理由を答えなさい。
（　　　　　　　　　　　　）

3 生物のふえ方について，次の問いに答えなさい。　　　　　　　（各5点×3）

(1) 下の①，②のようなふえ方をする生物を，次のア〜エからそれぞれ選び，記号で答えなさい。

① 親のからだの一部がふくらんで，その部分が分かれてふえる。　　（　　　）

② からだが2つに分かれることでふえる。　　　　　　　　　　　　（　　　）

　　　ア ゾウリムシ　　　　イ ジャガイモ　　　ウ ヒドラ　　　エ アサガオ

(2) (1)のように，雄と雌が関係しない生物のふえ方を何というか答えなさい。

　　　　　　　　　　　　　　　　　　　　　　　　　　　　（　　　　　　　　）

4 右の図はヒキガエルの生殖細胞である。次の問いに答えなさい。　（各5点×5）

(1) Aの生殖細胞は，何という器官でつくられるか答えなさい。

　　　　　　　　　　　　　　　　　　（　　　　　　　　）

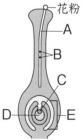

(2) A，Bの生殖細胞をそれぞれ何というか答えなさい。

　　　　A（　　　　　　　　）　B（　　　　　　　　）

(3) Aの細胞の核とBの細胞の核が合体してできた細胞を何というか答えなさい。

　　　　　　　　　　　　　　　　　　　　　　　　　　　（　　　　　　　　）

(4) (3)の細胞は，この後どのように変化するか。次のア〜エを変化の順に並べ替えなさい。

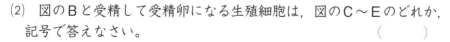

ア　　　　　　イ　　　　　　ウ　　　　　　エ

　　　　　　　　　　　　（　　→　　→　　→　　）

5 右の図は，被子植物の受粉後のめしべを表したものである。次の問いに答えなさい。　　　　　　　　　　　　　　　　（各5点×4）

(1) 図で，花粉からのびている管A，その中を移動するBを，それぞれ何というか答えなさい。

　　　　A（　　　　　　　　）　B（　　　　　　　　）

(2) 図のBと受精して受精卵になる生殖細胞は，図のC〜Eのどれか，記号で答えなさい。

　　　　　　　　　　　　　　　　　　　　　　　　　（　　　　　　　　）

(3) 生殖細胞の受精による生物のふえ方を何というか答えなさい。

　　　　　　　　　　　　　　　　　　　　　　　　　（　　　　　　　　）

17

解答　別冊P14▶

1 点／20点 2 点／30点 3 点／20点
4 点／30点

点／100点

1 右の図のように，代々丸い種子をつくるエンドウ
と，代々しわのある種子をつくるエンドウを親とし
てかけ合わせたところ，できた子の種子はすべて丸
かった。種子を丸にする遺伝子をA，しわにする遺
伝子をaで表すものとして，次の問いに答えなさい。

（各5点×4）

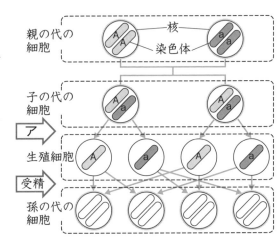

丸い種子　　しわのある種子

受粉

親　　　　　　　　親

子

すべて丸い種子

(1) 種子の形の丸としわは，同時には現れない。この
ような形質を何というか答えなさい。

（　　　　　　　　　）

(2) エンドウの種子の形の遺伝で，顕性形質は丸，しわのどちらか答えなさい。

（　　　　　　　　　）

(3) 子の遺伝子の組み合わせはどうなるか。遺伝子の記号を使って答えなさい。

（　　　　　　　　　）

(4) 子の丸い種子を育てて自家受粉させたところ，400個の種子ができた。これにふく
まれる丸い種子の数として最も適当なものを，次のア～オから選び，記号で答えなさい。
　ア　0個　　　イ　100個　　　ウ　200個　　　エ　300個　　　オ　400個

（　　　　　　　　　）

2 右の図は，エンドウの遺伝子の伝わ
り方を表したもので，種子を丸にする
遺伝子をA，しわにする遺伝子をaで
表している。次の問いに答えなさい。

（各6点×5）

(1) 図のアのときに起こる細胞分裂を何
というか答えなさい。

（　　　　　　　　　）

(2) 図のアによって，遺伝子が分かれて
別々の生殖細胞に入ることを何の法則
というか答えなさい。

（　　　　　　　　　）

(3) 孫の遺伝子の組み合わせの種類を，遺伝子の記号を使ってすべて答えなさい。

（　　　　　　　　　）

(4) 孫に現れる顕性形質と潜性形質の数の比を，最も簡単な整数の比で答えなさい。
（　　：　　）

(5) 細胞の染色体にふくまれ，遺伝子の本体となる物質は何か。アルファベットで答えなさい。
（　　　　　　　）

3 右の図のAは，化石として発見された生物の骨格を表したものである。Bは，現存しているカモノハシという動物である。いずれも２種類のセキツイ動物の特徴をもち，進化を裏づける動物といわれている。次の問いに答えなさい。 (各5点×4)

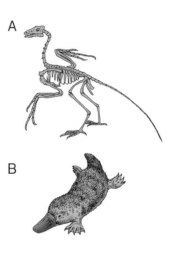

(1) Aは何という生物か。その名称を答えなさい。
（　　　　　　　）

(2) Aは鳥類とハチュウ類の特徴をもっている。ハチュウ類の特徴を，次のア～エからすべて選び，記号で答えなさい。
ア　翼がある。　　　　　イ　羽毛がある。
ウ　口に歯がある。　　　エ　長い尾をもつ。
（　　　　　　　）

(3) Bのカモノハシは，セキツイ動物のどのなかまの特徴をもっているか。分類名を２つ答えなさい。　（　　　　　　　）（　　　　　　　）

4 右の図は，セキツイ動物の前あしの骨格を表したものである。次の問いに答えなさい。 (各6点×5)

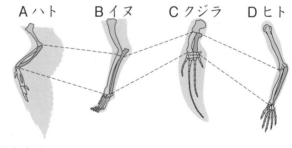

(1) A～Dの骨格はどのようなはたらきをしているか。次のア～エからそれぞれ選び，記号で答えなさい。
ア　物をつかむ。　　　イ　からだを支える。
ウ　水中を泳ぐ。　　　エ　空中を飛ぶ。
A（　　　）B（　　　）C（　　　）D（　　　）

(2) 図の前あしは，形やはたらきが異なるがもともとは同じ器官で，生活環境に合わせて進化してきたと考えられている。このような器官を何というか答えなさい。
（　　　　　　　）

解答　別冊P16

9 身のまわりの物質①

1	点／30点	2	点／20点	3	点／35点
4	点／15点				

点／100点

1 ろうそくとスチールウール（鉄）をそれぞれ燃焼さじにのせて火をつけ，右の図のように，乾いた集気びんA，Bに入れた。次の問いに答えなさい。

(各6点×5)

⑴ 火が消えた後，集気びんの内側がくもっていたのはA，Bのどちらか，記号で答えなさい。　（　　　）

⑵ 火が消えた後，燃焼さじを集気びんA，Bからとり出し，それぞれの集気びんに石灰水を入れてよく振った。このとき，石灰水が白くにごった集気びんはA，Bのどちらか，記号で答えなさい。　（　　　）

⑶ ⑵のように石灰水が白くにごったのは，何という気体ができたからか。気体名を答えなさい。　（　　　）

⑷ 火をつけると燃えて，⑶の気体ができる物質をまとめて何というか答えなさい。　（　　　）

⑸ 次のア～オの物質の中で，⑷の物質はどれか。すべて選び，記号で答えなさい。
ア 食塩　イ ガラス　ウ 砂糖　エ プラスチック　オ アルミニウム
（　　　）

2 100mL用の器具Xに水を50.0mL入れ，質量94.4gの立方体を沈めると，液面は右の図のようになった。右下の表は，いろいろな物質の密度を示したものである。次の問いに答えなさい。ただし，1mL=1cm³である。

(各5点×4)

器具X

⑴ 器具Xの名称を何というか答えなさい。
（　　　）

⑵ この立方体の体積は何cm³か求めなさい。
（　　　）

⑶ この立方体の密度は何g/cm³か。小数第2位を四捨五入して，小数第1位まで求めなさい。（　　　）

⑷ この立方体は何という物質でできているか。表の物質から選び，物質名を答えなさい。　（　　　）

物質	密度〔g/cm³〕
アルミニウム	2.7
鉄	7.9
銅	8.9
銀	10.5

3 右の図のような装置を用意し，酸素と二酸化炭素を発生させる実験をした。次の問いに答えなさい。

（各5点×7）

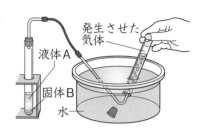

(1) 図の気体の集め方は，どのような性質の気体に適しているか答えなさい。
（　　　　　　　　　　　　　　　　　　）

(2) 酸素または二酸化炭素を発生させるとき，液体A，固体Bとして適している物質はそれぞれ何か。下のア〜キからそれぞれ選び，記号で答えなさい。
　① 酸素を発生させるとき　　　　　　　　液体A（　　）　固体B（　　）
　② 二酸化炭素を発生させるとき　　　　　液体A（　　）　固体B（　　）
　　ア　塩化アンモニウム　　　　イ　二酸化マンガン　　　ウ　石灰石
　　エ　水酸化カルシウム　　　　オ　うすい塩酸　　　　　カ　亜鉛
　　キ　うすい過酸化水素水（オキシドール）

(3) 気体を集めるとき，最初に出てくる気体は集めずに捨てる。この理由を簡単に答えなさい。　　　　　（　　　　　　　　　　　　　　　　　　　　　　　）

(4) 集まった気体が二酸化炭素であることを確認する方法を簡単に答えなさい。
　　　　　　　　　　（　　　　　　　　　　　　　　　　　　　　　　　）

4 右の表は，5種類の気体A〜Eの性質をまとめたものである。気体A〜Eは，アンモニア，窒素，酸素，水素，二酸化炭素のいずれかである。次の問いに答えなさい。

（各5点×3）

気体	A	B	C	D	E
におい	ない	ない	刺激臭	ない	ない
密度（空気の密度の何倍か）	0.07倍	1.53倍	0.60倍	1.11倍	0.97倍
水へのとけ方	とけにくい	少しとける	非常にとけやすい	とけにくい	とけにくい

(1) 気体のにおいを調べるとき，どのようにするか，簡単に答えなさい。
　　　　　　　　　　（　　　　　　　　　　　　　　　　　　　　　　　）

(2) 水でぬらした青色リトマス紙を赤色に変える気体は，A〜Eのどれか。記号で答えなさい。　　　　　　　　　　　　　　　　　　　　　　　　　（　　　）

(3) 気体Aに空気中で火をつけたところ，爆発して燃えた。このときできる物質は何か答えなさい。　　　　　　　　　　　　　　　（　　　　　　　　　　）

21

身のまわりの物質②

| 1 | 点／25点 | 2 | 点／20点 | 3 | 点／25点 |
| 4 | 点／20点 | 5 | 点／10点 |

点／100点

1 右の図のように，水に砂糖を加えてすべてと かし，水溶液A，Bをつくった。次の問いに答 えなさい。 (各5点×5)

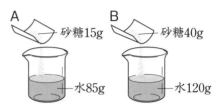

A 砂糖15g
B 砂糖40g
水85g
水120g

(1) 水溶液Aの質量は何gか答えなさい。

(　　　　　　)

(2) 水溶液Aの質量パーセント濃度は何%か答えなさい。(　　　　　　)

(3) 水溶液AとBではどちらのほうが濃いか。記号で答えなさい。 (　　　　)

(4) 質量パーセント濃度が30%の砂糖の水溶液Cを200gつくった。

① 水溶液Cには，何gの砂糖がとけているか答えなさい。(　　　　　　)

② 水溶液Cの質量パーセント濃度を，水溶液Aと同じにするためには，砂糖と水 のどちらを何g加えればよいか答えなさい。(　　　　　　　　　)

2 ビーカーA，Bに60℃の水50gずつを入れ，一方に は塩化ナトリウム，もう一方には硝酸カリウムをそれぞれ 15gずつとかした。これらの水溶液を冷やして水溶液の 温度を10℃にしたところ，ビーカーAには溶質が現れ， ビーカーBには現れなかった。右の図は，塩化ナトリウム と硝酸カリウムの溶解度曲線を表している。次の問いに答 えなさい。 (各5点×4)

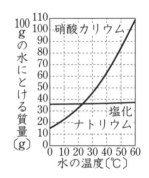

100gの水にとける質量〔g〕

硝酸カリウム
塩化ナトリウム

水の温度〔℃〕

(1) ビーカーAにとかした物質は，塩化ナトリウム，硝酸カ リウムのどちらか答えなさい。 (　　　　　　)

(2) ビーカーBには溶質が現れなかった理由を，「ビーカーBにとかした物質は，」に 続くように，簡単に答えなさい。 (　　　　　　　　　　　)

(3) ビーカーBの水溶液を1滴スライドガラスにとり，水を蒸発させてルーペで観察 したところ，規則正しい形をした固体が観察された。

① 観察された固体の形として正しいのは，右のア～エのどれ か。記号で答えなさい。 (　　　　)

ア イ
ウ エ

② 下線部のような固体を何というか答えなさい。

(　　　　　　)

3 物質の状態変化について，次の問いに答えなさい。 （各5点×5）

(1) 液体のろうをビーカーに入れ，冷やして固体にした。

図1

① 固体のろうの体積と質量は，液体のときと比べてそれぞれどうなるか答えなさい。

体積（　　　　　　　　　） 質量（　　　　　　　　　）

② 液体のろうの中に，図1のように固体のろうを入れた。固体のろうはどうなるか答えなさい。 （　　　　　　　　　）

(2) 液体のエタノールをポリエチレンの袋に入れ，図2のように袋に熱湯をかけた。

図2

① 熱湯をかけたポリエチレンの袋はどうなるか答えなさい。 （　　　　　　　　　）

② ①のようになる理由を，簡単に答えなさい。
（　　　　　　　　　　　　　　　　　　）

4 右の図は，ある純粋な固体の物質を加熱したときの温度変化のグラフである。次の問いに答えなさい。

（各5点×4）

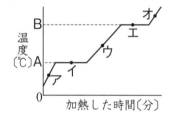

(1) 図のA，Bの温度をそれぞれ何というか答えなさい。

A（　　　　　　　　） B（　　　　　　　　）

(2) 次の①，②の状態にあてはまるのは，図のア〜オのどのときか。それぞれ記号で答えなさい。

① 固体と液体が混ざっている。 （　　　）
② すべて気体である。 （　　　）

5 図1のようにして，水とエタノールの混合物を分ける実験を行った。図2は，この混合物の温度変化を表すグラフである。次の問いに答えなさい。

（各5点×2）

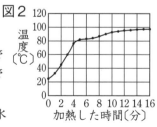

(1) 加熱を始めてからおよそ4分後に，液体は沸騰を始め，試験管に液体がたまり始めた。たまった液体には，水とエタノールのどちらが多くふくまれているか答えなさい。
（　　　　　　　　　）

(2) 液体を沸騰させて気体にし，それを冷やして再び液体する方法を何というか答えなさい。
（　　　　　　　　　）

解答 別冊P20 ▶

1	点／19点	2	点／16点	3	点／45点
4	点／20点				

点／100点

1 右の図のように，試験管Xに入れた炭酸水素ナトリウムを加熱し，発生した気体を試験管に集めた。次の問いに答えなさい。 ((1)4点，(2)〜(4)各5点×3)

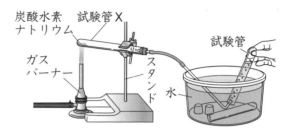

(1) 気体を集めた試験管に石灰水を入れて，試験管を振ると石灰水が白くにごった。発生した気体は何か，物質名を答えなさい。 （　　　　　）

(2) 加熱を続けると，試験管Xの内側に液体がついた。この液体を青色の塩化コバルト紙につけると，塩化コバルト紙が赤色に変わった。この液体は何か，物質名を答えなさい。 （　　　　　）

(3) 加熱後，試験管Xには白色の粉末が残った。この粉末は何か，物質名を答えなさい。 （　　　　　）

(4) 炭酸水素ナトリウムは，加熱によって何種類の物質に分かれたか答えなさい。 （　　　　　）

2 右の図のような装置に，水酸化ナトリウムをとかした水を入れて電流を流したところ，水が分解してA，B両方の電極で気体が発生した。次の問いに答えなさい。 (各4点×4)

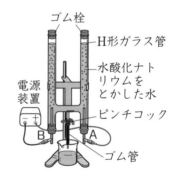

(1) この実験で，水に水酸化ナトリウムをとかしたのはなぜか。簡単に答えなさい。 （　　　　　）

(2) A極で発生した気体は何か，物質名を答えなさい。 （　　　　　）

(3) B極で発生した気体は何か，物質名を答えなさい。 （　　　　　）

(4) A極，B極で発生した気体の体積の比を，最も簡単な整数の比で答えなさい。
A極：B極＝（　　：　　）

3 次の問いに答えなさい。 (各5点×9)

(1) 次の①〜③の元素記号が表している元素名を答えなさい。

① Cu （　　　　　　　） ② Ag （　　　　　　　） ③ Mg （　　　　　　　）

(2) 次の図は，いろいろな分子や物質をモデルで表したものである。

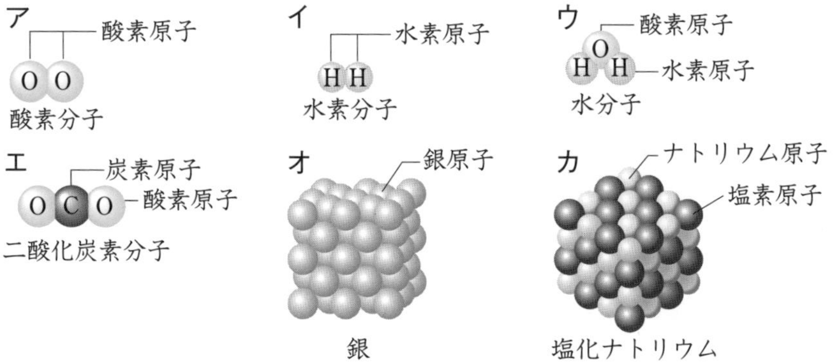

ア — 酸素原子
酸素分子

イ — 水素原子
水素分子

ウ — 酸素原子
— 水素原子
水分子

エ — 炭素原子
— 酸素原子
二酸化炭素分子

オ — 銀原子
銀

カ — ナトリウム原子
— 塩素原子
塩化ナトリウム

① ア〜カのうち，単体はどれか。すべて選び，記号で答えなさい。（　　　　　　　）

② ア，イ，ウ，エを，それぞれ化学式で表しなさい。

ア（　　　　　） イ（　　　　　） ウ（　　　　　） エ（　　　　　）

③ カの塩化ナトリウムは，ナトリウム原子と塩素原子が1：1の割合で結びついている。塩化ナトリウムの化学式を答えなさい。 （　　　　　　　）

4 化学反応式について，次の問いに答えなさい。 (各4点×5)

(1) 次の図は，水の電気分解の化学反応式をつくる手順を表している。A，Bで行ったことは，下のア〜エのどれか。それぞれ記号で答えなさい。

$$H_2O \rightarrow H_2 + O_2$$
$$\Rightarrow H_2O\ H_2O \rightarrow H_2 + O_2 \cdots 矢印 \rightarrow の左右で（\quad A \quad）$$
$$\Rightarrow H_2O\ H_2O \rightarrow H_2\ H_2 + O_2 \cdots 矢印 \rightarrow の左右で（\quad B \quad）$$

ア 酸素原子の数をそろえた。　　　イ 水素原子の数をそろえた。
ウ 酸素分子の数をそろえた。　　　エ 水素分子の数をそろえた。

A（　　　） B（　　　）

(2) 次の化学反応式は，炭酸水素ナトリウムの熱分解を表している。①〜③にあてはまる数や化学式をそれぞれ答えなさい。ただし，③は液体の化学式があてはまる。

①（　　　　　） ②（　　　　　） ③（　　　　　）

$$\boxed{①}\ NaHCO_3 \rightarrow Na_2CO_3 + \boxed{②} + \boxed{③}$$

解答 別冊P22

12 化学変化と原子・分子②

1 点／35点　**2** 点／25点　**3** 点／24点
4 点／16点

点／100点

1 鉄の粉末7gと硫黄の粉末4gをよく混ぜ合わせ，右の図のように2本の試験管A，Bに分けて入れ，試験管Aだけを加熱した。加熱した部分が赤くなったところで加熱をやめた。次の問いに答えなさい。　　　　　(各5点×7)

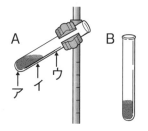

(1) 試験管Aを加熱するとき，試験管のどこを加熱するか。右の図のア～ウから選び，記号で答えなさい。（　　　）

(2) 加熱をやめた後，反応はどうなるか。簡単に答えなさい。（　　　　　　　　　　）

(3) 加熱後の試験管Aと加熱していない試験管Bに，磁石を近づけたとき，磁石に引き寄せられたのはどちらか。記号で答えなさい。（　　　　）

(4) 加熱後の試験管Aにできた物質は何か，物質名を答えなさい。
（　　　　　　　　　　）

(5) 加熱後の試験管Aと加熱していない試験管Bにうすい塩酸を加えたところ，どちらからも気体が発生した。

① 特有のにおいのある気体が発生したのは，試験管A，試験管Bのどちらか。記号で答えなさい。また，発生した気体は何か，物質名を答えなさい。

記号（　　　）気体（　　　　　　　）

② 試験管Aを加熱したとき鉄と硫黄に起こった反応を，化学反応式で表しなさい。
（　　　　　　　　　　）

2 右の図のように，スチールウール（鉄）を燃やす前後で，質量を調べた。次の問いに答えなさい。　　(各5点×5)

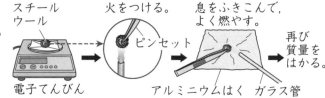

(1) 加熱後の物質の質量は，加熱前のスチールウールと比べてどうなるか答えなさい。（　　　　　　　）

(2) 加熱によってスチールウールと結びついた物質は何か，物質名を答えなさい。
（　　　　　　　　）

(3) 物質が(2)の物質と結びつくことを何というか答えなさい。（　　　　　　　）

(4) 次の文は，加熱前のスチールウールと加熱後の物質の性質について説明したものである。文中の□□□にあてはまる語句を，下のア〜エからそれぞれ選び，記号で答えなさい。

　　加熱後の物質は，加熱前と比べて電流が　①　，手でさわると　②　。
　ア　流れやすく　　イ　流れにくく　　ウ　弾力があった　　エ　ぼろぼろになった

①（　　　　） ②（　　　　）

3 右の図1のように，酸化銅と炭素の粉末の混合物を試験管に入れて加熱した。図2は，このとき起こった化学変化を表したものである。次の問いに答えなさい。　　　　(各4点×6)

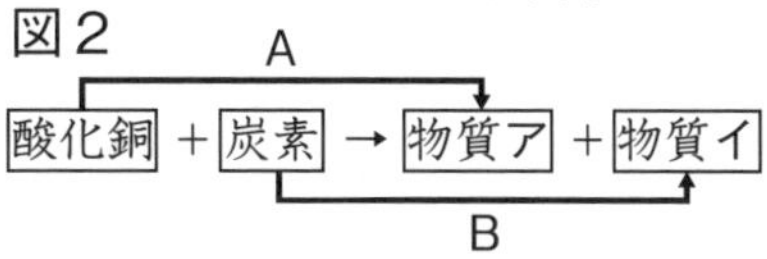

(1) 次の文中の□□□にあてはまる物質名を答えなさい。　　　　（　　　　　　　）

　　図2の化学変化では，酸化銅は□□□原子を放して物質アに変化し，この□□□原子と炭素原子が結びついて，物質イができた。

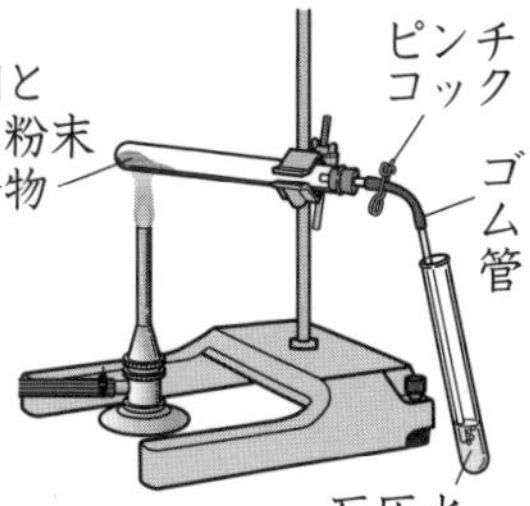

図1
酸化銅と
炭素の粉末
の混合物
ピンチコック
ゴム管
石灰水

図2

酸化銅 ＋ 炭素 → 物質ア ＋ 物質イ

A
B

(2) 図2の物質ア，物質イはそれぞれ何か，物質名を答えなさい。
物質ア（　　　　　　　　） 物質イ（　　　　　　　　）

(3) 図2のA，Bの化学変化を，それぞれ何というか答えなさい。
A（　　　　　　　　） B（　　　　　　　　）

(4) 図2の化学変化を，化学反応式で表しなさい。
（　　　　　　　　　　　　　　　　）

4 右の図1は，鉄粉と活性炭の混合物に食塩水を加えたもの，図2は，水酸化バリウムと塩化アンモニウムを，それぞれかき混ぜて反応させているようすである。次の問いに答えなさい。　(各4点×4)

図1　ガラス棒　温度計　食塩水　鉄粉と活性炭の混合物
図2　ぬれたろ紙　水酸化バリウムと塩化アンモニウム

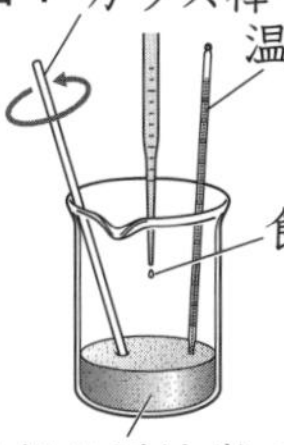

(1) 図1で起こった化学変化を何というか答えなさい。　（　　　　　　　）

(2) 図2で発生する気体は何か，物質名を答えなさい。　（　　　　　　　）

(3) 図1と図2で，化学変化後の温度は，それぞれどうなるか答えなさい。
図1（　　　　　　　　） 図2（　　　　　　　　）

13 化学変化と原子・分子③

1 点／10点　2 点／42点　3 点／24点
4 点／24点

点／100点

---

1 右の図のように，2つの水
溶液をビーカーにとり全体の
質量をはかった。次に，2つ
の水溶液を混ぜ合わせ，再び
全体の質量をはかった。この
とき，ビーカーの底には白色
の沈殿ができていた。次の問いに答えなさい。

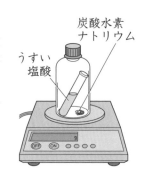

うすい塩化バリウム水溶液
うすい硫酸
白い沈殿
混ぜ合わせる。

（各5点×2）

(1) 白色の沈殿は何か，物質名を答えなさい。 （　　　　　　　　）

(2) 2つの水溶液を混ぜ合わせた後の，全体の質量はどうなるか答えなさい。
（　　　　　　　　）

---

2 右の図のように，炭酸水素ナトリウムとうすい塩酸を別々
に入れた容器を密閉し，全体の質量をはかった。その後，炭
酸水素ナトリウムとうすい塩酸を反応させた。次の問いに答
えなさい。 （各6点×7）

炭酸水素
ナトリウム
うすい
塩酸

(1) 炭酸水素ナトリウムとうすい塩酸を混ぜ合わせたとき，発
生する気体は何か，物質名を答えなさい。
（　　　　　　　　）

(2) 次の①，②のときの質量は，反応前の質量と比べてどうなるか。下のア～ウから
それぞれ選び，記号で答えなさい。
① 容器を密閉したまま，質量をはかった。 （　　　　）
② 容器のふたをあけて，しばらくしてから質量をはかった。 （　　　　）
　　ア 変化しない　　　イ 増加する　　　ウ 減少する

(3) (2)②において，そのようになるのはなぜか。簡単に答えなさい。
（　　　　　　　　　　　　　　　　　　　　）

(4) この実験からわかるように，化学変化の前後で物質全体の質量は変化しない。こ
の理由を説明した次の文中の　　　にあてはまることばを，下のア～ウからそれぞ
れ選び，記号で答えなさい。
　　　化学変化の前後で，物質をつくる原子の　①　は変わるが，原子の　②　と
　③　は変わらないから。
　　ア 種類　　　イ 数　　　ウ 組み合わせ
　　　　　　　　　　　　①（　　　）②（　　　）③（　　　）

28

3 右の図1のように，1.2gの銅粉をステンレス皿にうすく広げて加熱した。加熱の前後で質量をはかり，物質の質量が変化しなくなるまで加熱をくり返した。図2は，その結果をグラフに表したものである。次の問いに答えなさい。

(各6点×4)

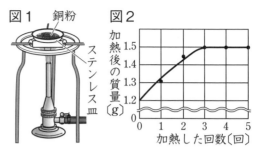

図1　銅粉　ステンレス皿

図2

(1) 銅粉を加熱するとき，ステンレス皿にうすく広げるのはなぜか。その理由を簡単に答えなさい。　　（　　　　　　　　　　　　　　　　　　　　　）

(2) 銅粉を加熱するとできる物質は何か，物質名を答えなさい。

（　　　　　　　　　　　　）

(3) 1.2gの銅粉がすべて反応したのは，何回目に加熱したときか答えなさい。

（　　　　　　　　　　　　）

(4) 1.2gの銅粉が結びついた酸素の質量は何gか答えなさい。

（　　　　　　　　　　　　）

4 次の問いに答えなさい。

(各6点×4)

(1) 右の図は，銅粉を空気中で加熱したときの銅と酸化銅の質量の関係をグラフに表したものである。

① 1.6gの銅と結びつく酸素の質量は何gか答えなさい。

（　　　　　　　　　　　　）

② 酸化銅ができるとき，反応する銅の質量は，反応する酸素の質量の何倍になっているか答えなさい。

（　　　　　　　　　　　　）

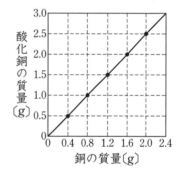

(2) 右の図のように，マグネシウムの粉末をステンレス皿に広げて空気中で加熱した。

① マグネシウム1.5gを十分に加熱すると，2.5gの酸化マグネシウムができた。マグネシウムと，加熱してできた酸化マグネシウムの質量の比を，最も簡単な整数の比で答えなさい。

マグネシウム：酸化マグネシウム＝（　　　：　　　）

② 4.2gのマグネシウムを十分に加熱すると，結びつく酸素の質量は何gか答えなさい。

（　　　　　　　　　　　　）

解答　別冊P26 ▶

1	点／12点	2	点／28点	3	点／20点
4	点／28点	5	点／12点		

点／100点

1 右の図のようにして，いろいろな水溶液に電流が流れるかどうかを調べた。次の問いに答えなさい。　　　　　　　　（各3点×4）

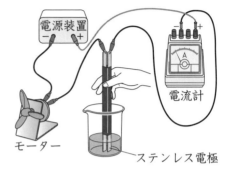

(1) 調べる水溶液を変えるごとに，ステンレス電極を精製水で洗う必要がある。その理由を簡単に答えなさい。

（　　　　　　　　　　　　　　　　　　　）

(2) 次の水溶液のうち，電流が流れるものはどれか。ア～キからすべて選び，記号で答えなさい。

ア　食塩水　　　　イ　蒸留水　　　　ウ　食酢　　　　エ　果物の汁　　　　オ　砂糖水
カ　エタノール水溶液　　　　キ　塩酸　　　　　　　　　　　（　　　　　　　）

(3) 水にとかしたとき，水溶液に電流が流れる物質を何というか答えなさい。

（　　　　　　　　　　）

(4) 水溶液が皮膚や衣服についたとき，すぐにしなくてはならないことは何か。簡単に答えなさい。　　　　　　　　　（　　　　　　　　　　）

2 右の図1，図2のように，塩化銅水溶液とうすい塩酸を電気分解する実験を行ったところ，電極Aには物質が付着し，電極B，電極C，電極Dからはいずれも気体が発生した。次の問いに答えなさい。　　　　　（各4点×7）

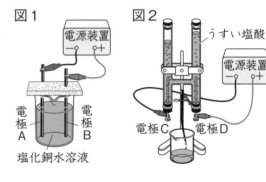

(1) 電極A～Dのうち，陰極はどれか。2つ選び，記号で答えなさい。

（　　　　　　　）

(2) 次の文は，図1の電極Aに付着した物質について説明したものである。□□□にあてはまることばをそれぞれ答えなさい。

　電極Aに付着した物質は，　①　色をした物質で，軽くこすると，　②　が現れることから，この物質は　③　である。

①（　　　　　　　）②（　　　　　　　）③（　　　　　　　）

(3)　図１の電極Ｂ付近では，プールの消毒薬のようなにおいがした。発生した気体は何か，物質名を答えなさい。　　　　　　　　　　　　　　（　　　　　　　　　）

(4)　(3)で発生した気体は，図２の実験でも発生した。同じ気体が発生した電極はＣ，Ｄのどちらか。記号で答えなさい。　　　　　　　　　　　　　（　　　　　　　　　）

(5)　図２で起こった化学変化を化学反応式で表しなさい。
　　　　　　　　　　　　　　　　　　（　　　　　　　　　　　　　　　　　）

3 右の図はヘリウム原子の構造を表している。次の問いに答えなさい。(各４点×５)

(1)　Ａ，Ｂをそれぞれ何というか答えなさい。
　　　Ａ（　　　　　　　　　）　Ｂ（　　　　　　　　　　）

(2)　ＡとＢがもっている電気は，＋と－のどちらか，それぞれ答えなさい。
　　　　　　　　　　　　　　　　Ａ（　　　）　Ｂ（　　　）

(3)　電気を帯びていない通常の原子の場合，ＡとＢの個数の関係はどうなっているか答えなさい。　　　　　　　　　　　　　　（　　　　　　　　　　　）

4 イオンについて，次の問いに答えなさい。　　　　　　　(各４点×７)

(1)　右の図は，陽イオンと陰イオンのどちらのでき方を表しているか答えなさい。
　　　　　　　　　　　　（　　　　　　　　　）

(2)　次の①～④のイオンの名称をそれぞれ答えなさい。
　　① Na^+　（　　　　　　　　　）　② Zn^{2+}　（　　　　　　　　　）
　　③ Cl^-　（　　　　　　　　　）　④ SO_4^{2-}　（　　　　　　　　　）

(3)　次の①，②のイオンを，それぞれ化学式で表しなさい。
　　① バリウムイオン　（　　　　　　　）　② 水酸化物イオン　（　　　　　　　）

5 次の物質の電離のようすを，それぞれ式で表しなさい。　　(各４点×３)

(1)　塩酸　　　　　　　　　　　（　　　　　　　　　　　　）
(2)　塩化銅　　　　　　　　　　（　　　　　　　　　　　　）
(3)　硫酸銅（$CuSO_4$）　　　　　（　　　　　　　　　　　　）

解答　別冊P28

| 1 | 点／36点 | 2 | 点／13点 | 3 | 点／30点 |
| 4 | 点／21点 | | | | |

点／100点

1 下の表は，マイクロプレートに硫酸マグネシウム水溶液，硫酸亜鉛水溶液，硫酸銅水溶液を入れた後に，マグネシウム板，亜鉛板，銅板を入れて変化を観察する実験を行い，結果をまとめたものである。表の中のA，B，Cは，金属がとけてうすくなり，金属板に物質が付着したことを示している。次の問いに答えなさい。(各6点×6)

	硫酸マグネシウム水溶液	硫酸亜鉛水溶液	硫酸銅水溶液
マグネシウム板	変化なし	A	B
亜鉛板	変化なし	変化なし	C
銅板	変化なし	変化なし	変化なし

(1) 表のAでは，マグネシウム板はとけてうすくなり，灰色の物質が付着していた。この灰色の物質は何か，物質名を答えなさい。　　　　（　　　　　　　　　）

(2) 表のBでは，マグネシウム板はとけてうすくなり，赤色の物質が付着していた。この赤色の物質は何か，物質名を答えなさい。　　　　（　　　　　　　　　）

(3) 次の文は，表のCで起こった反応について説明したものである。　　　　にあてはまることばをそれぞれ答えなさい。

硫酸銅は銅イオンと硫酸イオンに電離している。銅よりも亜鉛のほうが　①　になりやすいので，亜鉛板の亜鉛原子は　②　を2個失って亜鉛イオンとなり，水溶液中に出て行く。この　②　を水溶液中の銅イオンが受けとって銅原子となり，亜鉛板に付着する。水溶液中の銅イオンの数は　③　。

①（　　　　　　　）　②（　　　　　　　）　③（　　　　　　　）

(4) マグネシウム，亜鉛，銅の3種類の金属のうち，最も陽イオンになりやすい金属はどれか。金属名を答えなさい。　　　　（　　　　　　　　　）

2 右の図は，ダニエル電池を使って電子オルゴールを鳴らしているようすである。次の問いに答えなさい。

((1)6点，(2)7点)

(1) 電子オルゴールの＋極と－極を逆につなぐと，オルゴールは鳴るか，鳴らないか答えなさい。

（　　　　　　　　　）

(2) 電子オルゴールをモーターに変えて電流を流し続けると，亜鉛板はとけて表面がぼろぼろになった。このとき，硫酸銅水溶液に見られる変化を，簡単に答えなさい。

（　　　　　　　　　）

3 右の図は，2種類の金属板と電解質の水溶液を使った，ダニエル電池のしくみを示したものである。次の問いに答えなさい。 （各6点×5）

(1) 右の図のAとBはイオンである。A，Bのイオンを表す化学式を，次のア〜エからそれぞれ選び，記号で答えなさい。

ア Cu^{2+} 　イ SO_4^{2-} 　ウ H^+ 　エ Zn^{2+}

A（　　　）　B（　　　）

(2) 亜鉛板と銅板では，どのような変化が起こっているか。次のア〜エからそれぞれ選び，記号で答えなさい。

ア 亜鉛原子が電子を2個失って亜鉛イオンになり，硫酸亜鉛水溶液にとけ出す。

イ 硫酸亜鉛水溶液の亜鉛イオンが電子2個を受けとって亜鉛原子になり，亜鉛板に付着する。

ウ 硫酸銅水溶液の銅イオンが電子2個を受けとって銅原子になり，銅板に付着する。

エ 銅原子が電子を2個失って銅イオンになり，硫酸銅水溶液にとけ出す。

亜鉛板（　　　）　銅板（　　　）

(3) この電池の＋極と−極について正しく説明しているのはどれか。次のア〜エから選び，記号で答えなさい。

ア イオンになりやすいほうの金属板が＋極になる。

イ イオンになりやすいほうの金属板が−極になる。

ウ どちらが＋極，−極になるかは決まっていない。

エ 電解質の水溶液を使ったほうの金属板が−極になる。 （　　　）

4 いろいろな電池について，次の問いに答えなさい。 （各7点×3）

(1) 電池には，一次電池と二次電池がある。

① 一次電池は次のア〜エのうちどれか。2つ選び，記号で答えなさい。

ア ニッケル水素電池 　　イ アルカリ乾電池

ウ マンガン乾電池 　　エ リチウムイオン電池 （　　　）

② 二次電池とはどのような電池か。簡単に答えなさい。

（　　　　　　　　　　　　　　　　　　　　　　　　）

(2) 水の電気分解とは逆の化学変化を利用して，水素と酸素を反応させて直接電気エネルギーを取り出す装置を何というか答えなさい。

（　　　　　　　　　　　）

33

1	点／25点	2	点／25点	3	点／25点
4	点／25点				

点／100点

1 下のA～Fの水溶液について，次の問いに答えなさい。 (各5点×5)

A	塩化ナトリウム水溶液	B	水酸化ナトリウム水溶液	C	酢酸
D	水酸化カリウム水溶液	E	砂糖水	F	塩酸

(1) 青色リトマス紙を赤色に変える水溶液は，A～Fのどれか。すべて選び，記号で答えなさい。 （　　　　）

(2) フェノールフタレイン溶液を加えると赤色に変化する水溶液は，A～Fのどれか。すべて選び，記号で答えなさい。 （　　　　）

(3) (2)の水溶液に緑色のBTB溶液を加えると，何色に変化するか答えなさい。 （　　　　）

(4) 緑色のBTB溶液を加えても色が変化しない水溶液は，A～Fのどれか。すべて選び，記号で答えなさい。 （　　　　）

(5) 電流が流れない水溶液はA～Fのどれか。記号で答えなさい。 （　　　　）

2 右の図は，いろいろな電解質の電離のようすを式で表したものである。次の問いに答えなさい。 (各5点×5)

①	HNO_3	→ (X) + $NO_3{}^-$
②	H_2SO_4	→ 2 (X) + $SO_4{}^{2-}$
③	$NaOH$	→ Na^+ + (Y)
④	$Ba(OH)_2$	→ Ba^{2+} + 2 (Y)

(1) ①，②のXと③，④のYには，それぞれ共通したイオンがあてはまる。X，Yは何か，化学式で答えなさい。

X （　　　　　　　） Y （　　　　　　　）

(2) 水溶液にしたとき，XやYを生じる物質をそれぞれ何というか答えなさい。

X （　　　　　　　） Y （　　　　　　　）

(3) 次のア～オのうち，酸の水溶液の性質にあてはまるものを2つ選び，記号で答えなさい。
ア 赤色リトマス紙が青色に変化する。
イ マグネシウムがとけて水素が発生する。
ウ BTB溶液を加えると黄色に変化する。　　エ マグネシウムとは反応しない。
オ フェノールフタレイン溶液を加えると赤色に変化する。 （　　　　）

3 右の図のような装置をつくり, 中央に塩酸をしみこませた糸を置いて電圧を加えたところ, リトマス紙の色が変化した。次の問いに答えなさい。　(各5点×5)

ろ紙　スライドガラス　青色リトマス紙
電源の一極へ　電源の+極へ
陰極　A　B　陽極
　　　C　D
赤色リトマス紙
塩酸をしみこませた糸

※ろ紙やリトマス紙は硝酸カリウム水溶液で湿らせる。

(1) 塩酸が電離しているようすを, 式で表しなさい。
（　　　　　　　　　　　　　）

(2) 電極に引かれて陽極, 陰極へ移動するイオンを, それぞれ化学式で答えなさい。
陽極（　　　　　　　）　陰極（　　　　　　　）

(3) 電圧を加えたとき, リトマス紙の色が変化したのはどちら側か。A～Dから選び, 記号で答えなさい。
（　　　　　）

(4) 塩酸のかわりに水酸化ナトリウム水溶液をしみこませた糸に変えて, 同じ実験を行った。電圧を加えたとき, リトマス紙の色が変化したのはどちら側か。A～Dから選び, 記号で答えなさい。
（　　　　　）

4 BTB溶液を加えた塩酸にマグネシウム片を加えると, さかんに泡が出てマグネシウム片がとけた。ここで, 水酸化ナトリウム水溶液を少しずつ加えていったところ, 水溶液の色は緑色に変化した。次の問いに答えなさい。　(各5点×5)

水酸化ナトリウム水溶液
マグネシウム片
塩酸

(1) 塩酸にマグネシウムを加えたとき, さかんに出てきた泡は何か, 物質名を答えなさい。
（　　　　　　　　　　）

(2) 塩酸に水酸化ナトリウム水溶液を加えていったとき, 水溶液の色が緑色に変化するまで, 泡の出方はどのように変化したか。簡単に答えなさい。
（　　　　　　　　　　　　　　　　　　　　　　　　）

(3) 塩酸に水酸化ナトリウム水溶液を加えたとき, 2つの水溶液の間で起こった化学変化を何というか答えなさい。
（　　　　　　　）

(4) 水溶液の色が緑色になったときの水溶液の性質は, 酸性, 中性, アルカリ性のうちどれか答えなさい。
（　　　　　　　）

(5) (4)のとき, 水溶液のpHの値を整数で答えなさい。
（　　　　　）

解答　別冊P32

1　点／30点　2　点／30点　3　点／15点
4　点／25点

点／100点

1 右の図1は，空気中から水面に光を当てたときの光の道すじを表し，図2は，水中から水面に光を当てたときの光の道すじを表している。次の問いに答えなさい。　（各5点×6）

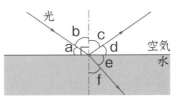
図1

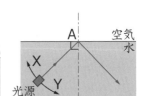
図2

(1)　図1で，入射角，屈折角はどれか。図1のa～fからそれぞれ選び，記号で答えなさい。　　　　　　　　　　　入射角（　　　）　屈折角（　　　）

(2)　図1で，入射角，反射角，屈折角の大きさの関係として正しいものはどれか。次のア～エから選び，記号で答えなさい。
　ア　入射角＞反射角＝屈折角　　　イ　入射角＜反射角＝屈折角
　ウ　入射角＝反射角＞屈折角　　　エ　入射角＝反射角＜屈折角　（　　　）

(3)　図2で，水中の光源をXまたはYのほうへ動かして点Aに光を当てると，光は屈折しないですべて反射した。この現象を何というか答えなさい。
　　　　　　　　　　　　　　　　　　　　　　　　　　　　（　　　　　　　　）

(4)　(3)で，光源は図のX，Yのどちらに動かしたか，記号で答えなさい。（　　　）

(5)　(3)の現象を利用して光通信や内視鏡に使われている，細いガラス繊維を何というか答えなさい。　　　　　　　　　　　　　　　　（　　　　　　　　）

2 右の図は，物体（↑）を点Aに置いて，実像をスクリーン上に結ばせたときのようすである。点Bはこの凸レンズの焦点，⑦，⑦は光の道すじである。次の問いに答えなさい。　（各5点×6）

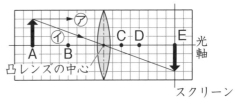

(1)　図で，⑦の光は凸レンズを通過した後どの点を通るか。図のC～Eから選び，記号で答えなさい。　　　　　　　　　　　　　　　　　　　　　（　　　）

(2)　次の①，②の文で，（　　）内のア，イから正しいほうをそれぞれ選び，記号で答えなさい。また，③の問いに答えなさい。
　①　物体を点Bに近づけて，スクリーン上に像を結ばせると，凸レンズとスクリーンの間の距離はa（ア　短く　　イ　長く）なり，
　　像の大きさはb（ア　大きく　　イ　小さく）なる。a（　　　）　b（　　　）

② 物体を点Bと凸レンズの間に置くと，スクリーンに像はできなかった。このとき，スクリーン側から凸レンズをのぞくと，物体より
a（ア　大きく　　イ　小さく），物体の向きと
b（ア　同じ向き　　イ　逆の向き）の像が見えた。a（　　　　）　b（　　　　）

③ ②で見えた物体の像を何というか答えなさい。　　　　　（　　　　　　　　　　　）

3 音の伝わる速さについて，次の問いに答えなさい。　　　　　　　　　　（各5点×3）

(1) 右の図1のように，校庭に立ち，84m離れた校舎に向かってさけんだところ，0.50秒後にそのこだまが聞こえた。このときの音の速さは何m/sか答えなさい。

図1
←――84m――→

（　　　　　　　　　　　）

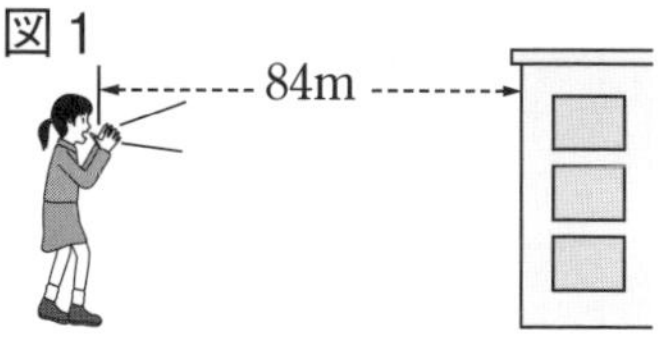

(2) 右の図2のように，打ち上げられた花火が開いた位置と，太郎さんと花子さんの位置は同一直線上にあるものとし，花火が見えてから音が聞こえるまでの時間は，太郎さんは2.7秒，花子さんは4.5秒であった。なお，音の速さは340m/sとする。

図2

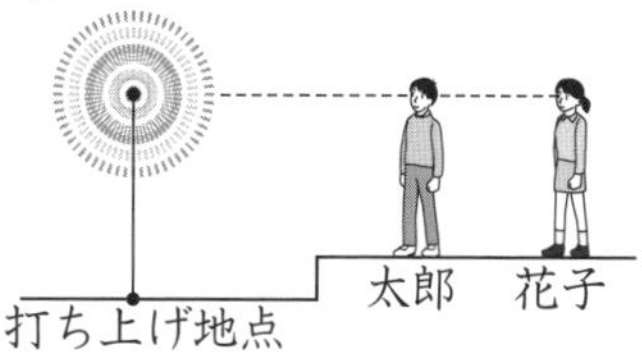

打ち上げ地点　　太郎　花子

① 花火が開いた位置から太郎さんの位置までの距離は何mか答えなさい。

（　　　　　　　　　　　）

② 太郎さんと花子さんの間の距離は何mか答えなさい。

（　　　　　　　　　　　）

4 右の図は，モノコードの弦をはじいて，その音の波形をコンピュータで記録したものである。次の問いに答えなさい。

A　　　　B　　　　C　　　　D

（各5点×5）

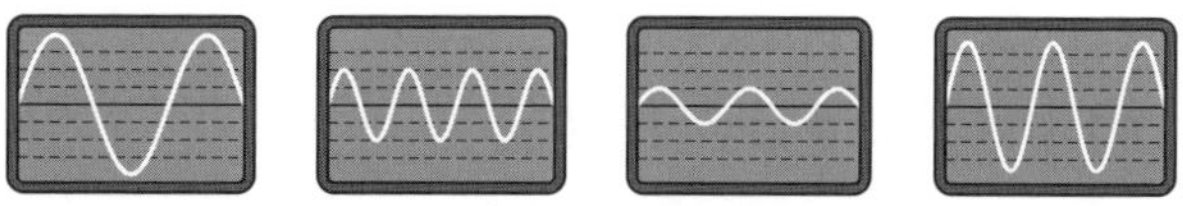

(1) 図の波の高さは，モノコードの弦の振動の何を表しているか答えなさい。

（　　　　　　　　　　　）

(2) 図の波の一定時間における数は，モノコードの弦の振動の何を表しているか答えなさい。

（　　　　　　　　　　　）

(3) 次の①～③の音の波形は，図のA～Dのどれか。それぞれ記号で答えなさい。
① 同じ大きさの2つの音　　　　　　　　　　　（　　　）と（　　　）
② 最も高い音　　　　　　　　　　　　　　　　　　　（　　　）
③ 最も小さい音　　　　　　　　　　　　　　　　　　（　　　）

37

解答　別冊P34 ▶

18 力

| 1 | 点／28点 | 2 | 点／30点 | 3 | 点／18点 |
| 4 | 点／24点 |

点／100点

1 右の図のように，ばねにおもりをつり下げてばねの長さを測定
した。下の表は，おもりの重さを変えて調べた結果である。また，
図のA，Bの矢印は，おもりやばねにはたらく力を表している。
次の問いに答えなさい。 ((1)各5点×2，(2)～(4)各6点×3)

おもりの重さ〔N〕	0	0.2	0.4	0.6	0.8	1.0
ばねの長さ〔cm〕	15	17	19	21	23	25

(1) 図のA，Bの矢印は，それぞれ何という力を表しているか答え
なさい。

　　　　　　A（　　　　　　　　　）　B（　　　　　　　　　）

(2) おもりの重さとばねののびの関係を，右のグラ
フにかきなさい。

(3) おもりの重さとばねののびは，どんな関係にあ
るか答えなさい。　　　　（　　　　　　　　　）

(4) このばねに1.3Nのおもりをつり下げた。ばね
ののびは何cmか答えなさい。

　　　　　　　　　（　　　　　　　　　）

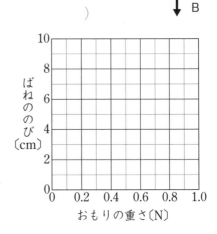

2 力の合成について，次の問
いに答えなさい。ただし，方
眼1目盛りは0.5Nとする。

(各6点×5)

(1) 右の図1の①，②で，2力
の合力をそれぞれ作図しなさ
い。

(2) (1)の合力の大きさはそれぞ
れ何Nか答えなさい。
① （　　　　　　　　）
② （　　　　　　　　）

図1

図2

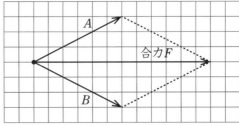

(3) 右の図2のように，同じ大きさの力A，Bの合力Fの大きさを変えずに，力A，
Bの間の角度を大きくすると，力A，Bの大きさはどうなるか答えなさい。

（　　　　　　　　　　　　　）

38

3 力の分解について，次の問いに答えなさい。ただし，方眼1目盛りは0.5Nと
する。
(各6点×3)

(1) 図の①の力Fをaとbの
方向に分解する。分力A，
Bをそれぞれ作図しなさい。

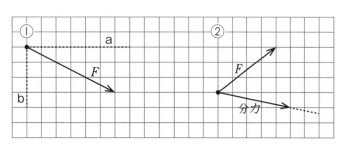

(2) (1)で，aの方向の分力の大きさは何Nか答えなさい。　（　　　　　　　　　）

(3) 図の②で，力Fを2つの方向に分解し，その分力の1つが図のように表されると
き，残りの分力を作図しなさい。

4 空気中でばねばかりにおもりをつるすと，ばねばか
りの目盛りは1.6Nを示した。これを図1のように
水の中に入れると，ばねばかりの目盛りは1.3Nを示
した。次の問いに答えなさい。
(各6点×4)

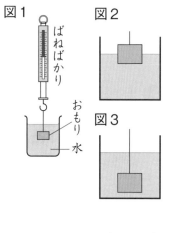

(1) 水中でおもりの各面が水から受ける圧力のようすを
正しく表しているものはどれか。次のア～エから選び，
記号で答えなさい。

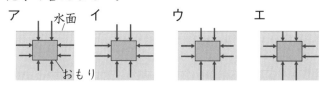

（　　　　　　　）

(2) 図1のとき，このおもりにはたらいている浮力の大きさは何Nか答えなさい。
（　　　　　　　　　）

(3) 次の①，②のとき，ばねばかりの目盛りの値は図1と比べてどうなるか答えな
さい。
① 図2のように，おもりを半分だけ沈めて静止させた。
（　　　　　　　　　）

② 図3のように，おもりを図1のときより深く沈めて静止させた。
（　　　　　　　　　）

解答　別冊P36

1 点／20点　**2** 点／28点　**3** 点／28点
4 点／24点　　　　　　　　　　　　点／100点

1 右の図は，ある物体の運動を，1秒間に
50回打点する記録タイマーを使って調べ
たもので，テープは5打点ごとに区切っ
てある。次の問いに答えなさい。

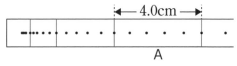

((1)6点，(2)(3)各7点×2)

(1) 記録テープを5打点ごとに区切ったとき，各テープは物体の何秒間の移動距離を
表すか答えなさい。　　　　　　　　　　　　　　（　　　　　　　　）

(2) 記録テープのAの部分を記録したとき，物体の平均の速さは何cm/sか答えなさい。
（　　　　　　　　）

(3) 記録テープの打点間隔と物体の速さの関係について，正しく説明しているものは
どれか。次のア～エから2つ選び，記号で答えなさい。
　ア　打点間隔が広いほど速い。　　イ　打点間隔は速さとは関係がない。
　ウ　打点間隔が狭いほど速い。　　エ　打点間隔が一定なら速さは変化していない。
　　　　　　　　　　　　　　　　　　　　　　　　（　　　　　　　　）

2 右の図1のように，水平面上に置い
た台車を矢印の方向に軽く押したところ，
台車は一直線上を進んだ。台車の運動は，
1秒間に50回打点する記録タイマーで
記録し，図2は，記録したテープを5
打点ごとに切って並べたものである。次の問いに答えなさい。

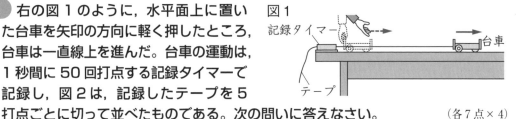

（各7点×4）

(1) 図2のAのテープを記録している間，台車の平均の速さは
何cm/sか答えなさい。　　　　　　（　　　　　　　　）

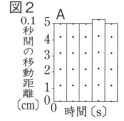

(2) 台車が(1)の速さで運動を続けたとすると，4秒間に移動する
距離は何cmか答えなさい。　　　　（　　　　　　　　）

(3) 図2をもとに，時間と台車の速さの関係を図3のグラフ
に表しなさい。

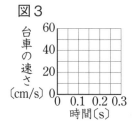

(4) この実験で示された台車の運動を何というか答えなさい。
　　　　　　　　　　　　　（　　　　　　　　）

3 右の図１のように，斜面上に置いた台車を静かにはなし，台車の運動を記録タイマーで記録した。図２は，斜面上の台車にはたらく重力を表したものである。図３は，記録したテープを0.1秒ごとに切り，順に並べたものである。次の問いに答えなさい。

図１ 記録タイマー 台車 テープ

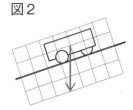
図２

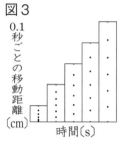
図３
0.1秒ごとの移動距離〔cm〕
時間〔s〕

（各7点×4）

(1) 図２で，台車にはたらく重力を，斜面に平行な方向と斜面に垂直な方向に分解し，それぞれ矢印で表しなさい。

(2) (1)で分解してできた２つの分力のうち，斜面を下る台車の運動に関係するのはどちらの分力か答えなさい。
（　　　　　　　　）

(3) 台車が斜面を下る間，(2)の分力の大きさはどうなるか。次のア〜ウから選び，記号で答えなさい。
　ア　斜面を下るほど大きくなっていく。　　イ　斜面を下るほど小さくなっていく。
　ウ　斜面のどこでも力の大きさは変わらない。　　　　　　　　（　　　　）

(4) 台車から手をはなしてからの時間と，台車の速さの関係を表したグラフは，次のア〜エのどれか。記号で答えなさい。

ア 速さ 時間

イ 速さ 時間

ウ 速さ 時間

エ 速さ 時間

（　　　　）

4 右の図のように，ローラースケートをはいたAさんがBさんを押すと，AさんとBさんのどちらも動いた。図の矢印は，AさんがBさんを押す力を表している。次の問いに答えなさい。

Aさん Bさん

（各6点×4）

(1) AさんがBさんを押したとき，AさんとBさんは左右どちらに動いたか。それぞれ左・右で答えなさい。
A（　　　　）　B（　　　　）

(2) AさんがBさんを押した力を作用とすると，Aさんを動かした力を何というか答えなさい。
（　　　　　　　　　　　　）

(3) (2)の力を，右の図に矢印で表しなさい。

解答　別冊P38

| 1 | 点／36点 | 2 | 点／36点 | 3 | 点／28点 |

点／100点

1 Aさん，Bさん，Cさんは仕事について調べるために，ひも，滑車，斜面を使って，下の図1～図3のように，物体を2mの高さまで引き上げた。表は，物体の質量と物体を引き上げるのにかかった時間を示している。次の問いに答えなさい。

ただし，物体と斜面の間の摩擦や，滑車やひもの質量は考えないものとし，100gの物体にはたらく重力の大きさを1Nとする。　（各6点×6）

	Aさん	Bさん	Cさん
物体の質量〔kg〕	6	6	6
時間〔秒〕	4	6	5

図1
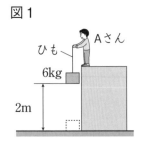

図2
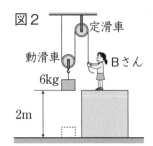

図3
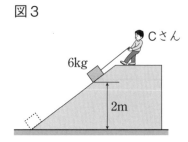

(1) 物体の重さは何Nか答えなさい。

（　　　　　　　　）

(2) Aさんが物体にした仕事の大きさは何Jか答えなさい。

（　　　　　　　　）

(3) Bさんが物体を2mの高さまで引き上げるために，引いたひもの長さは何mか答えなさい。

（　　　　　　　　）

(4) Cさんが物体を引いた力の大きさは，Bさんが引いた力の $\frac{1}{2}$ であった。道具を使っても使わなくても，同じ状態になるまでの仕事の大きさは変わらないことを利用して，Cさんが物体を2mの高さまで引き上げるために，引いたひもの長さは何mか答えなさい。

（　　　　　　　　）

(5) Aさんが物体にした仕事の仕事率は何Wか答えなさい。（　　　　　　　　）

(6) 3人がした仕事の仕事率を大きい順に並べ替え，記号で答えなさい。

（　　　　→　　　　→　　　　）

2 右の図のように，点Oからつるした振り子のおもりを，点Aまで糸がたるまないように持ち上げて静かにはなすと，おもりはA→B→C→D→Eと振れ，点Eで折り返して再び点Aまで振れた。次の問いに答えなさい。ただし，空気の抵抗や摩擦は考えないものとする。 (各6点×6)

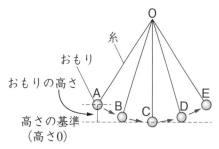

(1) おもりの位置エネルギーが最大になる点はどこか。図のA～Eから2つ選び，記号で答えなさい。 （　　　　　）

(2) おもりの運動エネルギーが最大になる点はどこか。図のA～Eから選び，記号で答えなさい。 （　　　　　）

(3) 図の点Bでのおもりの高さは，点Aでの高さの$\frac{1}{3}$であった。点Aでのおもりの位置エネルギーの大きさは，点Bでの位置エネルギーの何倍か答えなさい。

（　　　　　）

(4) 図のおもりが点A～Eまで動くときの①運動エネルギー，②位置エネルギー，③力学的エネルギーの大きさの変化を表したグラフとして正しいものを，次のア～エからそれぞれ選び，記号で答えなさい。

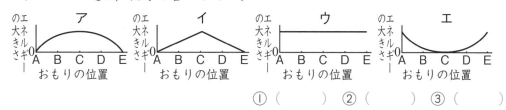

①（　　　）　②（　　　）　③（　　　）

3 右の図は，エネルギーの移り変わりを表し，A～Dはエネルギーを変換して使用する器具を表している。図のA～Dにあてはまる器具は何か。次のア～クからそれぞれ選び，記号で答えなさい。 (各7点×4)

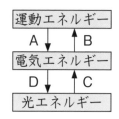

ア　光電池　　　　　イ　発電機　　　　ウ　乾電池
エ　石油ストーブ　　オ　ドライヤー　　カ　モーター
キ　電球　　　　　　ク　スピーカー

A（　　　）　B（　　　）　C（　　　）　D（　　　）

解答　別冊P40

中2

1 　点／24点　2 　点／36点　3 　点／20点
4 　点／20点

点／100点

1 右の図１のように，乾電池に豆電球をつないで回路を
つくった。次の問いに答えなさい。 　　　　　(各6点×4)

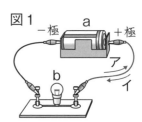
図1

(1) 図１で，電流はア，イのどちら向きに流れるか，記号
で答えなさい。 　　　　　　　　　　　　　　　（　　　　）

(2) 図１のa，bの電気器具を，それぞれ電気用図記号で
表しなさい。
a （　　　　　　　　　） b （　　　　　　　　　）

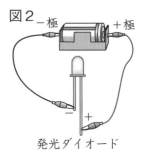
図2

(3) 右の図２のように，豆電球のかわりに発光ダイオード
をつなぐと点灯した。乾電池のつなぎ方を逆にすると発光
ダイオードはどうなるか答えなさい。

（　　　　　　　　　　　　　　　）

発光ダイオード

2 右の図１のように，豆電球に流れる電流と豆電球
に加わる電圧の大きさを測定した。図２は電流計の，
図３は電圧計の，使用した−端子と針の振れをそれ
ぞれ示している。次の問いに答えなさい。(各6点×6)

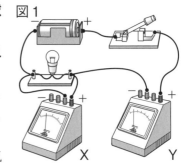

(1) 次の文は，電流計と電圧計のつなぎ方を説明したも
のである。①〜④にあてはまることばをそれぞれ答え
なさい。
　図１で，Xは（ ① ），Yは（ ② ）で，電流
計は豆電球に対して（ ③ ）になるように，電圧計
は豆電球に対して（ ④ ）になるようにつなぐ。
　　　　　① （　　　　　　　　）
　　　　　② （　　　　　　　　）
　　　　　③ （　　　　　　　　）
　　　　　④ （　　　　　　　　）

図2

(2) 図２で，流れている電流は何Aか答え
なさい。
　　　　　　　　　（　　　　　　　　）

図3
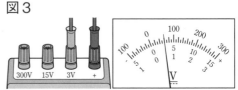

(3) 図３で，豆電球に加わる電圧は何Vか
答えなさい。 　　　（　　　　　　　　）

3 右の図は，2個の豆電球をつないだ回路で，各点を流れる電流や各区間に加わる電圧の大きさを示したものである。次の問いに答えなさい。

（各5点×4）

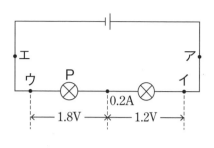

(1) 点ア，点エを流れる電流の大きさは，それぞれ何Aか答えなさい。

点ア（　　　　　　　　　）

点エ（　　　　　　　　　）

(2) イウ間に加わる電圧の大きさは，何Vか答えなさい。

（　　　　　　　　　　　）

(3) 点エを流れる電流と，豆電球Pに加わる電圧の大きさを測定するために電流計，電圧計をつなぐ。その回路を，右の☐内に回路図で表しなさい。

回路図

4 右の図は，2個の豆電球をつないだ回路で，電源の電圧や各点を流れる電流の大きさを示したものである。次の問いに答えなさい。　（各5点×4）

(1) 点イ，点オを流れる電流の大きさは，それぞれ何Aか答えなさい。

点イ（　　　　　　　　　）

点オ（　　　　　　　　　）

(2) イウ間に加わる電圧の大きさは，何Vか答えなさい。

（　　　　　　　　　　　）

(3) 点アを流れる電流と，豆電球Pに加わる電圧の大きさを測定するために電流計，電圧計をつなぐ。その回路を，右の☐内に回路図で表しなさい。

回路図

45

解答　別冊P42

22 電流とその利用②

中 2

1 点／24点　2 点／40点　3 点／20点
4 点／16点

点／100点

1 右の図は，電熱線ａ，ｂに加わる電圧と流れる電流の大きさの関係をグラフに表したものである。次の問いに答えなさい。　（各 4 点× 6）

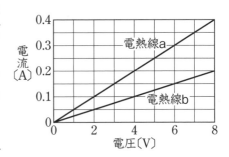

(1) 電熱線ａやｂのグラフから，電熱線に加わる電圧と流れる電流の間にはどのような関係があるか答えなさい。　（　　　　　　　　　）

(2) 電熱線ａ，ｂのうち，電流が流れにくいのはどちらか。記号で答えなさい。　　　（　　　　）

(3) 電熱線ａ，ｂの抵抗の大きさは，それぞれ何Ωか答えなさい。
　　　　　電熱線ａ（　　　　　　　　　　）　　電熱線ｂ（　　　　　　　　　）

(4) 電熱線ａに1.0Aの電流を流すには，何Vの電圧を加えればよいか答えなさい。
　　　　　　　　　　　　　　　　　　　　　　　（　　　　　　　　　）

(5) 電熱線ｂに12Vの電圧を加えたとき，流れる電流の大きさは何Aか答えなさい。
　　　　　　　　　　　　　　　　　　　　　　　（　　　　　　　　　）

2 抵抗の大きさがそれぞれ 4 Ω，12 Ωの電熱線Ｐ，Ｑを用いて，右の図 1，図 2 のような回路をつくった。次の問いに答えなさい。　（各 5 点× 8）

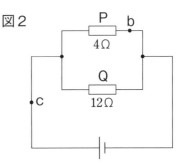

(1) 図1の回路で，電熱線Qに加わる電圧を6Vにした。
　① 点ａを流れる電流の大きさは何Aか答えなさい。
　　　　　　　　　　　　　　　（　　　　　　　　　）

　② 電熱線Pに加わる電圧は何Vか答えなさい。
　　　　　　　　　　　　　　　（　　　　　　　　　）

　③ 電源の電圧は何Vか答えなさい。
　　　　　　　　　　　　　　　（　　　　　　　　　）

　④ 回路全体の抵抗の大きさは何Ωか答えなさい。
　　　　　　　　　　　　　　　（　　　　　　　　　）

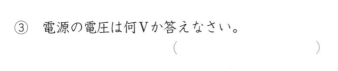

(2) 前ページの図2の回路で，電熱線Qを流れる電流の大きさを0.5Aにした。

① 電源の電圧は何Vか答えなさい。　　　　　　　　　　　（　　　　　　　　　）

② 点b，点cを流れる電流の大きさは，それぞれ何Aか答えなさい。
　　　　　　　　点b（　　　　　　　　　）　点c（　　　　　　　　　）

③ 回路全体の抵抗の大きさは何Ωか答えなさい。　　　　（　　　　　　　　　）

3 右の図1のような装置で，発泡ポリスチレンのコップにくみ置きの水を入れて水温をはかった後，電熱線に 6.0V の電圧を加えて 1 分ごとの水温をはかった。下の表はその結果である。また，この電熱線に 6.0V の電圧を加えたとき，1.0A の電流が流れた。次の問いに答えなさい。

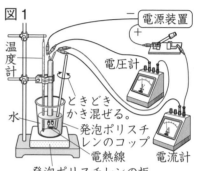

図1

(各5点×4)

時間〔分〕	0	1	2	3	4	5
水温〔℃〕	15.0	16.0	17.0	18.0	19.0	20.0
上昇温度〔℃〕	0	1.0	2.0	3.0	4.0	5.0

(1) この電熱線の電力は何Wか答えなさい。
　　　　　　　　　　　　　　　（　　　　　　　　　）

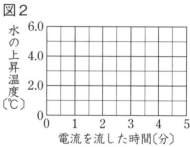

図2

(2) 上の表をもとに，電流を流した時間と水の上昇温度の関係を，図2にグラフで表しなさい。

(3) (2)のグラフから，電流を流した時間と水の上昇温度との間にはどのような関係があるか答えなさい。　　　　　　　　　　（　　　　　　　　　　　　　　　）

(4) 5分間にこの電熱線から発生した熱量は何Jか答えなさい。
　　　　　　　　　　　　　　　　　　　　　（　　　　　　　　　）

4 次の問いに答えなさい。　　　　　　　　　((1)6点，(2)各5点×2)

(1) 80Wの電球を4分間点灯させたときの電力量は何Jか答えなさい。
　　　　　　　　　　　　　　　　　　　　　（　　　　　　　　　）

(2) 600Wの電気ストーブを2時間使ったときの電力量は何Whか答えなさい。また，それは何kWhか答えなさい。

　　　　　　　　　　　（　　　　　　Wh）（　　　　　　kWh）

解答　別冊P44 ▶

①	点／24点	②	点／28点	③	点／24点
④	点／24点				

点／100点

1 右の図のアは，回路の導線の中で粒子Pが自由に動き回っているようす，イは，回路の導線の中で粒子Pが移動するようすを表している。次の問いに答えなさい。　（各8点×3）

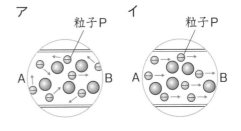

(1)　粒子Pを何というか答えなさい。

（　　　　　　）

(2)　回路に電圧を加えているときのようすはア，イのどちらか。記号で答えなさい。

（　　　　　　）

(3)　回路に電圧を加えているとき，電流の向きはA→B，B→Aのどちらか答えなさい。

（　　　　　　）

2 右の図1のクルックス管で，電極P，Q間に電圧を加えると，十字形の金属板の影ができた。図2は，蛍光板に明るい線が見えるクルックス管の電極R，S間に電圧を加えたときのようすである。次の問いに答えなさい。

（各7点×4）

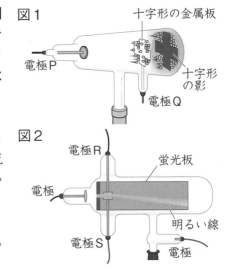

(1)　図1のように影ができたのは，クルックス管の中に，電極Pから電極Qへ向かう粒子の流れがあるからである。この粒子の流れを何というか答えなさい。　（　　　　　　）

(2)　図1の電極Pと電極Qのうち，＋極はどちらか答えなさい。　（　　　　　　）

(3)　図2の電極Rと電極Sのうち，－極はどちらか答えなさい。

（　　　　　　）

(4)　クルックス管からは，放射線も放出されている。放射線には物質を通り抜ける性質（透過性）があり，この性質はさまざまなことに利用されている。その例としてあてはまるものはどれか。次のア〜エから選び，記号で答えなさい。
　　ア　電球を使った照明　　　イ　レントゲン検査
　　ウ　発電機を使った発電　　エ　電気ストーブでの暖房　　　　　　（　　　　　　）

3 右の図のように，水平にした厚紙にコイルを通して
電流を流し，方位磁針A，BのN極のさす向きを調べ
た。次の問いに答えなさい。 （各8点×3）

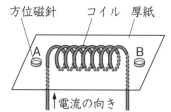

(1) 図のコイルと方位磁針A，Bを，真上から見たよう
すはどれか。次のア〜エから選び，記号で答えなさい。

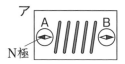   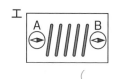

（　　　　）

(2) 電流の向きを図のときと逆にすると，真上から見たようすはどうなるか。(1)のア
〜エから選び，記号で答えなさい。　　　　　　　　　　　　　　（　　　　）

(3) 同じ実験装置を使い，磁界の強さを強くするにはどうすればよいか。簡単に答え
なさい。　　　　　　　　　　　（　　　　　　　　　　　　　　　　）

4 右の図のような装置で，スイッチを入れて電
流を流すと，導線Xは矢印⑯の向きに動いた。
次の問いに答えなさい。 （各8点×3）

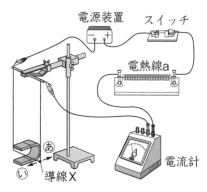

(1) スイッチを切ると，導線Xはもとの位置にも
どった。回路に再び電流を流し，導線Xを矢印
⑰の向きに動かすにはどうすればよいか。1つ
簡単に答えなさい。

（　　　　　　　　　　　　）

(2) 図の状態で，電熱線aのかわりに，これより抵抗の小さい電熱線bを使って電流
を流すと，導線Xの振れ方は電熱線aを使ったときと比べてどうなるか答えなさい。

（　　　　　　　　　　　　）

(3) 電流が磁界の中で受ける力を利用したものを，次のア〜エから選び，記号で答え
なさい。
　　ア　モーター　　　　イ　方位磁針　　　ウ　電磁石　　　エ　電球

（　　　　）

解答　別冊P46▶

24 大地の変化①

1	点／28点	2	点／24点	3	点／20点
4	点／12点	5	点／16点		

点／100点

1 右の図のA〜Cは，代表的な
火山の形を表したものである。
次の問いに答えなさい。

（各4点×7）

A
傾斜がゆるやかな形

B
溶岩ドーム

C
円すいの形

(1) 地球内部の熱によって，火山の地下の岩石がどろどろにとけたものを何というか
答えなさい。　　　　　　　　　　　　　　　　　　　（　　　　　　　　　　）

(2) 次の①，②にあてはまる火山を，図のA〜Cからそれぞれ選び，記号で答えなさ
い。
① 激しく爆発的な噴火をする火山。　　　　　　　　　　　　（　　　　　）
② 火山噴出物の色が最も黒っぽい火山。　　　　　　　　　　（　　　　　）

(3) 図のA〜Cを，マグマのねばりけが強いほうから順に並べ替えなさい。
（　　　　　→　　　　　→　　　　　）

(4) 図のA〜Cのような形にあてはまる火山はどれか。次のア〜ウからそれぞれ選び，
記号で答えなさい。
ア　浅間山　　　　イ　雲仙普賢岳　　　　ウ　マウナロア
A（　　　　）　B（　　　　）　C（　　　　）

2 右の図は，2種類の火成岩X，Yをスケッチ
したものである。次の問いに答えなさい。

（各4点×6）

火成岩X

火成岩Y

a

b

(1) 火成岩X，Yのような岩石のつくりを，それ
ぞれ何というか答えなさい。
X（　　　　　　　　　　）
Y（　　　　　　　　　　）

(2) 火成岩Yのつくりで，a，bの部分をそれぞれ何というか答えなさい。
a（　　　　　　　　　）　b（　　　　　　　　　　）

(3) 火成岩X，Yは，マグマがどのようにして冷え固まってできたか。冷えた場所と
冷え方に着目して，それぞれ簡単に答えなさい。
X（　　　　　　　　　　　　　　　　　　　　　　　　　　　　）
Y（　　　　　　　　　　　　　　　　　　　　　　　　　　　　）

3 ある日の7時35分42秒に地震が発生した。右の図は，この地震の震源から60kmの地点Xにおける地震計の記録である。次の問いに答えなさい。 (各4点×5)

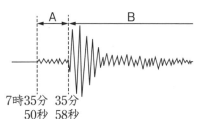

7時35分 50秒　35分 58秒

(1) 図のA，Bのゆれをそれぞれ何というか答えなさい。
　A（　　　　　　　　　） B（　　　　　　　　　）

(2) 地点Xでの初期微動継続時間は何秒か答えなさい。　（　　　　　　　　　）

(3) P波によって起こるゆれはA，Bのどちらか記号で答えなさい。　（　　　　）

(4) この地震で，P波の伝わる速さは何km/sか答えなさい。（　　　　　　　　　）

4 右の図は，ある地震におけるP波とS波が到着するまでの時間と震源からの距離との関係を表したグラフである。次の問いに答えなさい。 (各4点×3)

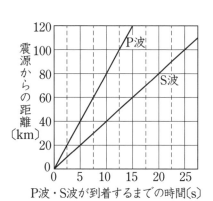

P波・S波が到着するまでの時間〔s〕

(1) この地震のS波の伝わる速さは何km/sか答えなさい。　（　　　　　　　　　）

(2) 震源からの距離が60kmの地点での初期微動継続時間は，何秒か答えなさい。
　　　　　　　　　　（　　　　　　　　　）

(3) 震源からの距離が160kmの地点での初期微動継続時間は，何秒と考えられるか答えなさい。　（　　　　　　　　　）

5 右の図のA，Bは，震源が近い2つの地震の震度を示したもので，図中の×は震央を表している。次の問いに答えなさい。(各4点×4)

(1) 震央とはどのような地点か，簡単に答えなさい。（　　　　　　　　　）

(2) 震度はふつう，震源から遠ざかるとどうなるか答えなさい。（　　　　　　　　　）

(3) 図のAとBの地震では，どちらのほうがマグニチュードが大きいと考えられるか，記号で答えなさい。また，その理由を簡単に答えなさい。
　　　　　記号（　　　） 理由（　　　　　　　　　　）

51

解答　別冊P48

点／100点

1 右の図は，海底での堆積物（泥，砂，れき）
の分布を表したものである。次の問いに答えな
さい。　　　　　　　　　　　　　　　（各5点×4）

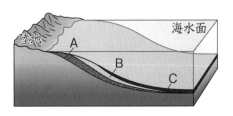

(1)　泥，砂，れきを，粒の大きいものから順に並
べ替えなさい。

（　　　　　　→　　　　　　→　　　　　　）

(2)　土砂が水中で沈むとき，粒が大きいものと小さいものでは，どちらが速く沈むか
答えなさい。　　　　　　　　　　　　　　　　　　　（　　　　　　　　　　　）

(3)　図のA～Cのうち，れきを表しているのはどれか，記号で答えなさい。

（　　　　　　）

(4)　流水によって運ばれてきた土砂が海底に堆積するとき，海底の堆積物の粒の大き
さは，河口から遠ざかるほどどうなるか答えなさい。　（　　　　　　　　　　　）

2 ①地層が露出しているがけを観察
した。右の図1は，そのがけの地層
のようすを表したものである。さらに，
②地層の重なり方を図2のように
まとめた。次の問いに答えなさい。
ただし，この地域は，地層の上下の
逆転や断層はないとする。（各6点×5）

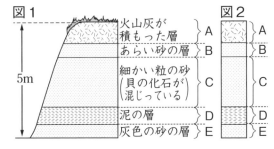

(1)　下線部①のように，地層が地表に
露出している場所を何というか答えなさい。　　　　　　（　　　　　　　　　　　）

(2)　下線部②について，図2のような図を何というか答えなさい。

（　　　　　　　　　　　）

(3)　次の①，②にあてはまる地層を，図1のA～Eからそれぞれ選び，記号で答え
なさい。
　①　最も古い地層　　　　　　　　　　　　　　　　　（　　　　　　）
　②　火山の噴火によってできた地層　　　　　　　　　（　　　　　　）

(4)　海底などに堆積した地層を，陸上で見ることができるのはなぜか。その理由を簡
単に答えなさい。　　　　　　　　　（　　　　　　　　　　　　　　　　　　　）

3 下の図は，4種類の堆積岩をルーペで観察したときのようすである。次の問いに答えなさい。
（各5点×5）

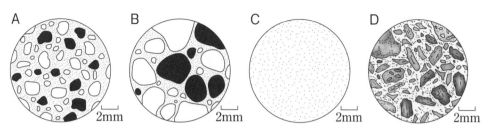

A   B   C   D

2mm   2mm   2mm   2mm

(1) 火山の噴出物が堆積して押し固められてできた堆積岩はどれか。図のA～Dから選び，記号で答えなさい。（　　　）

(2) 図のA，Bの堆積岩を，それぞれ何というか答えなさい。
A（　　　　　　　　）　B（　　　　　　　　）

(3) 図のA～Cの岩石は何によって区別されるか。次のア～エから選び，記号で答えなさい。
ア　粒の色　　　イ　粒の形　　　ウ　粒の大きさ　　　エ　粒の重さ（　　　）

(4) 図のA，Bの堆積岩の粒が丸みを帯びているのはなぜか。その理由を簡単に答えなさい。（　　　　　　　　　　　　　　　　　　　　　　）

4 下の図は，いろいろな化石である。次の問いに答えなさい。
（各5点×5）

A　　　　B　　　　C　　　　D（シジミのなかま）

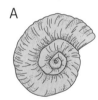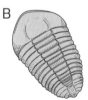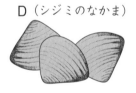

(1) 図のAとBは，地層が堆積した年代を推定することができる化石である。このような化石を何というか答えなさい。（　　　　　　　　　　）

(2) 図のA，Bをふくむ地層が堆積した年代はいつか。次のア～ウからそれぞれ選び，記号で答えなさい。
ア　古生代　　　イ　中生代　　　ウ　新生代　　　A（　　　）B（　　　）

(3) 図のCやDは，地層が堆積した当時の環境を推定することができる化石である。CやDから推定できる環境を，次のア～エからそれぞれ選び，記号で答えなさい。
ア　河口や湖　　　イ　あたたかくて浅い海
ウ　深い海　　　エ　寒冷な浅い海　　　C（　　　）D（　　　）

解答　別冊P50 ▶

26 天気とその変化①

| 1 | 点／30点 | 2 | 点／20点 | 3 | 点／20点 |
| 4 | 点／30点 |

点／100点

---

1 下の図は，ある日の乾湿計を表したものである。表は，湿度表である。次の問いに答えなさい。

(各6点×5)

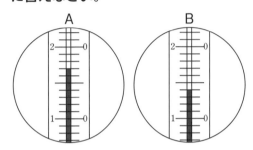

乾球の	乾球と湿球の示度の差〔℃〕					
示度〔℃〕	0	1	2	3	4	5
18	100	90	80	71	62	53
17	100	90	80	70	61	51
16	100	89	79	69	59	50
15	100	89	78	68	58	48
14	100	89	78	67	56	46

(1) 図のA，Bのうち，湿球温度計はどちらか，記号で答えなさい。　　（　　　　）

(2) この日の気温は何℃か答えなさい。　　　　　　　　（　　　　　　）

(3) この日の湿度は何％か，湿度表をもとにして答えなさい。（　　　　　　）

(4) 次の文の①，②のア，イから正しいものをそれぞれ選び，記号で答えなさい。
　　乾湿計は，地上①〔ア　0.5　　イ　1.5〕mくらいの高さで，風通しのよい
　　②〔ア　日なた　　イ　日陰〕に置いてはかる。　　①（　　　）②（　　　）

---

2 右の図のように，重さ1.5Nの直方体の物体を，接する面や個数を変えてスポンジの上にのせ，スポンジがへこむ深さを調べた。ただし，図ではスポンジがへこむようすは表していない。次の問いに答えなさい。

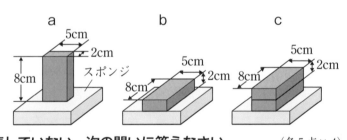

(各5点×4)

(1) 図のaのとき，物体がスポンジに加える圧力は何Paか答えなさい。

（　　　　　　　　　）

(2) 次の①，②で，スポンジのへこみが深いのはどちらか，それぞれ記号で答えなさい。
　① 図のaとbを比べる。　　　　　　　　　　　　　　　（　　　　）
　② 図のbとcを比べる。　　　　　　　　　　　　　　　（　　　　）

(3) 圧力は，大気にはたらく重力によっても生じる。この大気による圧力を何というか答えなさい。
　　　　　　　　　　　　　　　　　　　　　　（　　　　　　　　　）

54

3 右の図のように，くみ置きの水を入れた金属製のコップに少しずつ氷水を入れてよくかき混ぜ，水温を下げていった。その結果，水温が20℃になったとき，コップの表面に水滴がつき始めた。このとき，室温は25℃であった。次の問いに答えなさい。（各5点×4）

(1) この実験で，金属製のコップを使う理由を，次のア～エから選び，記号で答えなさい。

  ア 光を通さないから。　　　　イ 水より密度が大きいから。
  ウ 熱を伝えやすいから。　　　エ かたくて丈夫だから。　　　　（　　　）

(2) この実験で，くみ置きの水を使う理由を，簡単に答えなさい。
  （　　　　　　　　　　　　　　　　　　　　　　　　　　　）

(3) 次の表は，気温と飽和水蒸気量との関係を表したものである。

気温	20	21	22	23	24	25	26
飽和水蒸気量〔g/m³〕	17.3	18.3	19.4	20.6	21.8	23.1	24.4

  ① 実験を行ったときの，空気1m³中にふくまれる水蒸気量は何gか答えなさい。
  （　　　　　　　　　　　）

  ② 室内の湿度は何％か。小数第1位を四捨五入して答えなさい。
  （　　　　　　　　　　　）

4 下の文を読んで，次の問いに答えなさい。（各6点×5）

　空気のかたまりが上昇すると，上空ほど気圧が①〔ア 低い　イ 高い〕ため，空気が②〔ア 膨張して　イ 圧縮されて〕，温度が③〔ア 上がる　イ 下がる〕。その結果，ある高度で④空気中の水蒸気の一部は目に見えないちりを凝結核として，水滴になる。このような水滴が集まって⑤雲ができる。

(1) ①～③にあてはまる語句を，ア，イからそれぞれ選び，記号で答えなさい。
  ①（　　　）②（　　　）③（　　　）

(2) 下線部④で，水蒸気が水滴になる温度を何というか答えなさい。
  （　　　　　　　　　　　）

(3) 下線部⑤で，雲ができにくい場合を，次のア～ウから選び，記号で答えなさい。
  ア 地表付近の空気が太陽の光であたためられる場合。
  イ 山頂から空気が斜面にそって下降する場合。
  ウ 冷たい空気があたたかい空気の下にもぐりこむ場合。　　　　（　　　）

解答　別冊P52

中2

| 1 | 点／36点 | 2 | 点／36点 | 3 | 点／28点 |

点／100点

1 右の図1は，ある日の気圧配置を表している。また，図2は，図1の点A，B間における空気の流れを表したものである。次の問いに答えなさい。

（各6点×6）

図1

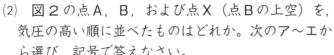

(1) 図1の点Cの気圧を，単位をつけて答えなさい。

（　　　　　　　　　）

(2) 図2の点A，B，および点X（点Bの上空）を，気圧の高い順に並べたものはどれか。次のア～エから選び，記号で答えなさい。

ア　A＞B＞X　　イ　A＞X＞B
ウ　B＞A＞X　　エ　X＞B＞A　（　　　　）

図2

(3) 図1の点B付近での風のふき方を表しているものを，図3のア～エから選び，記号で答えなさい。（　　　　）

(4) 図1の点A，Bで，上空に雲が発生しやすいのはどちらか。記号で答えなさい。（　　　）

図3

(5) 図1の点D，Eで，風が強いのはどちらか。記号で答えなさい。（　　　）

(6) 図1の点F付近の風向に最も近いものを，次のア～エから選び，記号で答えなさい。

ア　北　　　イ　南　　　ウ　東　　　エ　西　　　　　（　　　）

2 右の図1は，次ページの図2の地点Pで，ある日の18時から翌日の8時にかけて気象観測を行った記録の一部である。図2は，この観測中の21時における日本付近の天気図（前線の記号は省略）である。次の問いに答えなさい。　（各6点×6）

図1

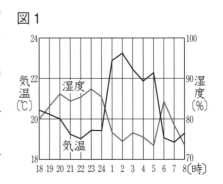

(1) 図2において，観測中に地点Pを2種類の前線A，Bが通過した。

① 前線Aが通過した後，地点Pの気温はどうなるか答えなさい。（　　　　　　　）

② 地点Pを前線Bが通過した時刻に最も近いのはどれか。次のア～エから選び，記号で答えなさい。

ア　23時　　　　イ　1時
ウ　3時　　　　エ　5時　　　（　　）

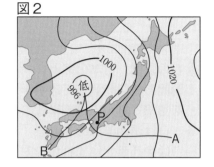

図2

(2) 前線B付近の雲や雨のようすについて説明した，次の文の①～③にあてはまる語句を，ア，イからそれぞれ選び，記号で答えなさい。

前線B付近では，寒気が暖気を①〔ア　急激に　　イ　ゆっくりと〕押し上げている。そのため，②〔ア　乱層雲　　イ　積乱雲〕が発生しやすく，③〔ア　にわか雨　　イ　穏やかな雨〕が降りやすい。

①（　　）②（　　）③（　　）

(3) 前線Bが通過する前後で，地点Pの風向はどのように変わるか，簡単に答えなさい。
（　　　　　　　　　　　　　　　　）

3 右の図は，春，つゆ，夏，冬の時期の日本付近の天気図である。次の問いに答えなさい。（各7点×4）

(1) 図のA～Dのうち，冬の天気図はどれか，記号で答えなさい。（　　）

(2) Aの天気図の時期に，太平洋上に発達する気団を何というか答えなさい。
（　　　　　　　　）

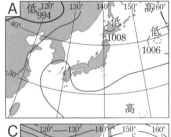
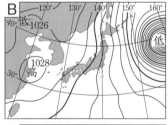
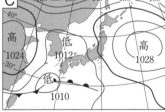
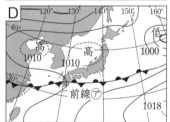

(3) Cの天気図の説明として正しいものを，次のア～ウから選び，記号で答えなさい。
ア　大陸上にシベリア高気圧が発達し，北西の冷たい季節風がふく。
イ　冷たい気団とあたたかい気団の間に前線が発達し，くもりや雨の日が多くなる。
ウ　低気圧と高気圧が交互に通過し，周期的に天気が変わる。

（　　）

(4) Dの天気図にある前線⑦を何というか答えなさい。　（　　　　　　　　）

解答　別冊P54 ▶

1 　点／30点　　2 　点／20点　　3 　点／20点
4 　点／30点

点／100点

1 右の図は，日本のある場所で，ある日の太陽の位置を
1時間おきに観測して透明半球上に×印で記録し，それ
らを曲線で結んで透明半球のふちまで延長したものであ
る。Oは透明半球の中心を，PはOの真上の位置を，A
～Dは東西南北いずれかの方位を，Mは結んだ曲線上で
最も高い位置を表している。次の問いに答えなさい。

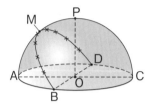

(各6点×5)

(1) 図で，次の①，②の位置を表すのはどの点か，それぞれ図中の記号で答えなさい。
　　① 観測者の位置 　　　　　　　　　　　　　　　　　　　　　　（　　　　）
　　② 日の出の位置 　　　　　　　　　　　　　　　　　　　　　　（　　　　）

(2) この日の太陽の南中高度は，図中のどの角度で表されるか。図中の記号と角∠の
記号を用いて，「∠COP」のように答えなさい。 　　　　　　（　　　　　　　）

(3) 観測結果を見ると，×印の間隔はどこも等しかったため，太陽の動く速さが一定
であることがわかった。このように考えられる理由を簡単に答えなさい。
　　　　　　　　　　　　　　　　　　　　（　　　　　　　　　　　　　　　　）

(4) 赤道付近で同様の観測を行った場合，太陽が南中したときの位置は，図中のどの
点になるか，記号で答えなさい。 　　　　　　　　　　　　　　（　　　　）

2 右の図は，ある日の夜，北の空を一定時間おきに観察
してカシオペヤ座の位置を記録したもので，Dは，午後
9時の位置である。次の問いに答えなさい。(各5点×4)

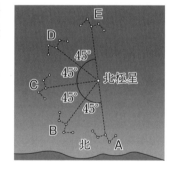

(1) この図は，カシオペヤ座の位置を何時間おきに記録し
たものか答えなさい。 　　　　（　　　　　　　）

(2) この日の午後6時に観察したカシオペヤ座の位置を，
図のA～Eから選び，記号で答えなさい。 　　（　　　）

(3) この日，図のBの位置にカシオペヤ座が見えた時刻を，次のア～エから選び，記
号で答えなさい。
　　ア 午後11時　　イ 午前1時　　ウ 午前3時　　エ 午前5時 　（　　　）

(4) この日の観察で，北極星はほとんど動いていないことがわかった。この理由を簡
単に答えなさい。
　　　　　　　　　　　　　　　　　　　（　　　　　　　　　　　　　　　　　）

3 右の図1は，12月のある日，オリオン座を午
後6時から午前0時までの間，3時間おきに観
察し，その位置を記録したものである。図2は，
地球の北極のはるか上空から見た模式図で，太陽
のまわりを公転する地球と，いくつかの星座の方
向を矢印で示したものである。次の問いに答えな
さい。 (各5点×4)

図1

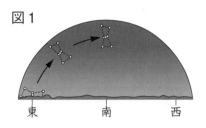

東 　 南 　 西

(1) 図1の観察をした日の地球の位置を，図2のア～
エから選び，記号で答えなさい。 （ 　 ）

図2

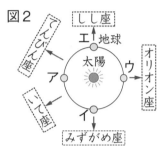

(2) 図1の観察をした日のオリオン座が南中した時刻に，
東の地平線付近に見える星座はどれか。図2の星座か
ら選び，星座名で答えなさい。（ 　 ）

(3) 毎日，同じ時刻に同じ場所で観察した場合，1か月でオリオン座は約何度移動し
たように見えるか答えなさい。 （ 　 ）

(4) 図1の観察をした日から2か月後に，同じ場所でオリオン座が南中する時刻は
何時か答えなさい。 （ 　 ）

4 右の図は，地球が太陽のまわりを公転している
ようすを表したものである。次の問いに答えなさ
い。 (各6点×5)

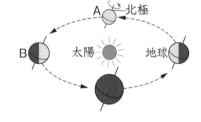

(1) 図のAの位置に地球があるとき，日本では，次
のア～エのどの日になるか，記号で答えなさい。
ア 春分 イ 夏至
ウ 秋分 エ 冬至 （ 　 ）

(2) (1)の日，日本のある場所で，下の①，②の観察をした。この日から1か月間，同
じ場所で観察を続けると，①，②はそれぞれどのようになるか。それぞれ次のア～
ウから選び，記号で答えなさい。
① 日の出のときの太陽の位置 （ 　 ）
② 日の入りのときの太陽の位置 （ 　 ）
ア 南へ移動する。 イ 北へ移動する。 ウ 移動しない。

(3) 地球が図のAの位置からBの位置まで動く間に，①太陽の南中高度と②昼の長さ
はそれぞれどのように変化するか答えなさい。
① （ 　 ） ② （ 　 ）

59

29　地球と宇宙②

中3

| 1 | 点／30点 | 2 | 点／35点 | 3 | 点／35点 |

点／100点

1 右の図1は，地球のまわりを公転する月と，太陽の方向を表したものである。次の問いに答えなさい。 (各6点×5)

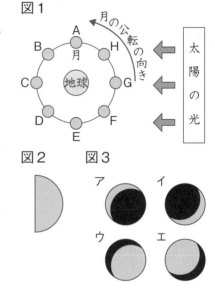

図1

(1) ある日の夜，右の図2のような半月が見えた。
　① この半月を何というか答えなさい。
　　　（　　　　　　　　　）

　② この半月が見えるときの月の位置を，図1のA～Hから選び，記号で答えなさい。（　　　）

　③ この半月の見え方として正しいものを，次のア～エから選び，記号で答えなさい。
　　ア　真夜中に東の空に見える。
　　イ　日の出直前に南の空に見える。
　　ウ　日の入り直後に南の空に見える。
　　エ　日の入り直後に西の空に見える。
　　　　　　　　　　　　　　　　（　　　）

(2) ある日，日の出直前に南西の空に月が見えた。
　① このときの月の位置を，図1のA～Hから選び，記号で答えなさい。（　　　）
　② このとき見えた月の形として最も近いものを，図3のア～エから選び，記号で答えなさい。ただし，黒い部分は月の欠けた部分である。　　　（　　　）

2 右の図は，太陽，金星，地球の位置関係を表したものである。次の問いに答えなさい。(各5点×7)

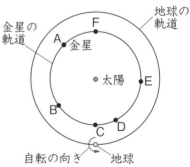

(1) 地球から金星を見ることができるのは，いつごろ，どの方位の空か。次のア～エから2つ選び，記号で答えなさい。　　　（　　　　　　　　）
　ア　明け方，東の空　　　イ　明け方，西の空
　ウ　夕方，東の空　　　　エ　夕方，西の空

(2) 地球から見て，金星が次の①～③のように見えるのは，図のA～Fのどの位置にあるときか。それぞれすべて選び，記号で答えなさい。
　① 明け方に見える。　　　　　　　　　（　　　　　　　）
　② 最も小さく見える。　　　　　　　　（　　　　　　　）
　③ 最も大きく欠けて見える。　　　　　（　　　　　　　）

60

(3) A，B，Dの位置にある金星を天体望遠鏡で観察したとき，見える金星の形に最も近いものを，次のア～カからそれぞれ選び，記号で答えなさい。ただし，ア～カは，望遠鏡の倍率は一定ではなく，肉眼で見た向きに直してある。

ア　イ　ウ　エ　オ　カ

A（　　　）　B（　　　）　D（　　　）

3 右の表は，太陽系の惑星のうち，地球とA～Eの惑星について，その特徴をまとめたものである。次の問いに答えなさい。

(各5点×7)

惑星	公転周期[年]	質量(地球＝1)	密度[g/cm³]
地球	1.00	1.00	5.5
A	11.9	318	1.3
B	29.5	95	0.7
C	0.62	0.82	5.2
D	1.88	0.107	3.9
E	0.24	0.055	5.4

(1) 太陽に2番目に近い惑星を，表のA～Eから選び，記号で答えなさい。（　　　）

(2) 半径が最も小さい惑星を，表のA～Eから選び，記号で答えなさい。（　　　）

(3) 木星型惑星に分類される惑星を，表のA～Eからすべて選び，記号で答えなさい。

（　　　）

(4) AとDの惑星の軌道の間には，多数の小さな天体がある。これを何というか答えなさい。

（　　　）

(5) Cの惑星の大気に大量にふくまれ，表面温度を上昇させる原因となっている気体は何か。次のア～エから選び，記号で答えなさい。

ア　水素　　　イ　酸素　　　ウ　窒素　　　エ　二酸化炭素　　　（　　　）

(6) 太陽系のすべての惑星に共通することについて述べたものとして誤っているものを，次のア～エから選び，記号で答えなさい。

ア　みずから光を出さず，太陽の光を反射して輝いている。

イ　太陽のまわりをほぼ同じ平面上で公転している。

ウ　公転の向きは同じである。

エ　岩石や金属からできている。

（　　　）

(7) 太陽系には多くの天体が存在するが，恒星は1つしか存在しない。太陽系の唯一の恒星を答えなさい。

（　　　）

解答　別冊P58

| 1 | 点／16点 | 2 | 点／25点 | 3 | 点／24点 |
| 4 | 点／35点 | | | | |

点／100点

1 右の図は，ある草原における植物，草食動物，肉食動物の数量
の関係を表したものである。次の問いに答えなさい。(各4点×4)

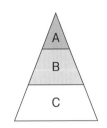

(1) 図のBにあてはまる生物は，植物，草食動物，肉食動物のうち
のどれか答えなさい。　　　　　　　　　　（　　　　　　　　　）

(2) 図のCの生物は，自然界でのはたらきから何とよばれるか答え
なさい。　　　　　　　　　　　　　　　　（　　　　　　　　　）

(3) 環境の変化から，⑦Aの数量が急に減少した場合，その後一時的にそれぞれの生
物の数量も変化するが，⑦長い時間がたつと数量はもとにもどる。

① 下線部⑦について，Bの数量は一時的にどうなるか答えなさい。
　　　　　　　　　　　　　　　　　　（　　　　　　　　　　　　　）

② 下線部⑦について，次のア～オを，このときの生物の数量の変化の順に並べ替
えなさい。ただし，アから始まり，オで終わるものとする。

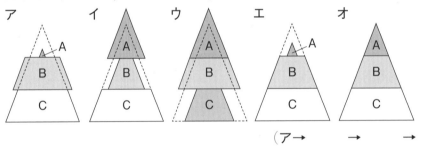

ア　　　　　イ　　　　　ウ　　　　　エ　　　　　オ

（ア→　　　→　　　→　　　→オ）

2 右の図は，自然界の物質の循環を
表したもので，AとBは気体を，C
とDは生物のはたらきを表している。
次の問いに答えなさい。(各5点×5)

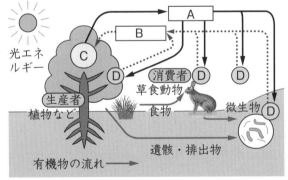

(1) A，Bの気体を，それぞれ化学式
で答えなさい。
　　A（　　　　　　　　）
　　B（　　　　　　　　）

(2) C，Dの生物のはたらきをそれぞれ何というか答えなさい。
　　　　　　　　C（　　　　　　　　）　D（　　　　　　　　）

(3) 微生物は，自然界でのはたらきから何とよばれるか答えなさい。
　　　　　　　　　　　　　　　　　　　　　　　（　　　　　　　　　）

3 下の文を読んで，次の問いに答えなさい。　　　　　　　　　　（各4点×6）

> 　大気中の窒素酸化物や ① が硝酸や ② になり，雨にとけこむと，
> ③ となる。 ③ は，建造物の腐食や湖沼の生物を死滅させることがある。
> 　化石燃料を燃焼させるときに出る二酸化炭素は， ④ の原因となり，冷蔵
> 庫やエアコンに使われていた ⑤ は，オゾン層のオゾンを減少させる。

(1) 文中の①～⑤にあてはまることばを，次のア～オからそれぞれ選び，記号で答え
なさい。

ア　フロンガス　　　　イ　地球温暖化　　　ウ　硫黄酸化物

エ　硫酸　　　　　　　オ　酸性雨

　　　　　①（　　　）　②（　　　）　③（　　　）　④（　　　）　⑤（　　　）

(2) 文中の下線部の結果，どのような問題が発生するか。「地表に届く」の書き出し
に続けて，簡単に答えなさい。

　（　　　　　　　　　　　　　　　　　　　　　　　　　　　　　　　）

4 下のA～Cの文は，再生可能エネルギーを利用した発電について説明したもので
ある。次の問いに答えなさい。　　　　　　　　　　　　　　　　（各5点×7）

A　地下の（　⑦　）の熱で熱くなった水から水蒸気を取り出し，発電機を回転さ
せる。条件に合う場所が少なく，設置場所が限られるという問題点がある。

B　発電機につけた風車を回すことで発電する。風車の回転によって（　⑦　）が
発生することがある。

C　光エネルギーを直接電気エネルギーに変える。発電効率があまりよくなく，
⑤発電量が安定しないという問題点がある。

(1) A～Cの発電方法をそれぞれ何というか答えなさい。

　A（　　　　　　　　　）　B（　　　　　　　　　）　C（　　　　　　　　　）

(2) 空欄⑦，⑦にあてはまることばをそれぞれ答えなさい。

　　　　　　　　　⑦（　　　　　　　　　）　⑦（　　　　　　　　　）

(3) 下線部⑤について，発電量が安定しない理由を簡単に答えなさい。

　　　　　　　　（　　　　　　　　　　　　　　　　　　　　　　　　　）

(4) 木片や落ち葉など，植物が光合成によって大気中の二酸化炭素を取りこんででき
た生物資源も，発電に利用されている。このような生物資源を何というか。カタカ
ナ5文字で答えなさい。

　　　　　　　　　　　　　　　　　　（　　　　　　　　　　　　　）

解答　別冊P60

初版
第 1 刷　2023 年 5 月 1 日　発行

● 編　者
　数研出版編集部
● カバー・表紙デザイン
　bookwall

発行者　星野　泰也

ISBN978-4-410-15384-6

高校入試 苦手がわかる対策ノート 理科

発行所　数研出版株式会社

〒101-0052　東京都千代田区神田小川町 2 丁目 3 番地 3
　　　　　　〔振替〕00140-4-118431
〒604-0861　京都市中京区烏丸通竹屋町上る大倉町205番地
〔電話〕代表 (075)231-0161
ホームページ　https://www.chart.co.jp
印刷　創栄図書印刷株式会社

本書の一部または全部を許可なく
複写・複製することおよび本書の
解説・解答書を無断で作成するこ
とを禁じます。

乱丁本・落丁本はお取り替えいたします　230301

苦手がわかる 対策ノート

理科

数研出版編集部 編

解答編

数研出版
https://www.chart.co.jp

も く じ （解答）

1	いろいろな生物とその共通点①	2
2	いろいろな生物とその共通点②	4
3	いろいろな生物とその共通点③	6
4	生物のからだのつくりとはたらき①	8
5	生物のからだのつくりとはたらき②	10
6	生物のからだのつくりとはたらき③	12
7	生命の連続性①	14
8	生命の連続性②	16
9	身のまわりの物質①	18
10	身のまわりの物質②	20
11	化学変化と原子・分子①	22
12	化学変化と原子・分子②	24
13	化学変化と原子・分子③	26
14	化学変化とイオン①	28
15	化学変化とイオン②	30
16	化学変化とイオン③	32
17	光と音の性質	34
18	力	36
19	物体の運動	38
20	仕事とエネルギー	40
21	電流とその利用①	42
22	電流とその利用②	44
23	電流とその利用③	46
24	大地の変化①	48
25	大地の変化②	50
26	天気とその変化①	52
27	天気とその変化②	54
28	地球と宇宙①	56
29	地球と宇宙②	58
30	自然・科学技術と人間	60
	理解度チェックシート	62
	次はこの本がオススメ！	64

答え

1 (1) ドクダミ
　　(2) ア
2 (1) ア
　　(2) ウ
3 (1) D→A→C→B
　　(2) 離弁花
　　(3)① ア　② 花粉　③ 胚珠
　　(4) 被子植物

解説

1

(1) ●が記されているところは，校舎や体育館の北側に多い。ドクダミは，日当たりが悪く，湿っているところに生育する。

(2) タンポポはドクダミと比べて，日当たりがよく，比較的乾いているところに生育する。

2

(1) ルーペの拡大倍率はおよそ5倍～10倍である。持ち運びに便利で，野外での観察に適している。

(2) ルーペは目に近づけて持ち，そのまま観察するものを前後に動かしてピントを合わせる。観察するものが動かせないときは，ルーペを目に近づけたまま顔を前後に動かしてピントを合わせる。

3

(1) Aは花弁，Bはめしべ，Cはおしべ，Dはがくである。花の外側から順に，がく，花弁，おしべ，めしべが並ぶ。

(2) 被子植物の花弁の付き方には2種類あり，アブラナのように花弁が1枚1枚離れているもの（離弁花）と，アサガオのように1つにつながっているもの（合弁花）がある。

(3)① Bの先端部分を柱頭，Bの根もとのほうでふくらんでいる部分を子房，子房の内部にある粒状のつくりを胚珠という。

　② Bの部分が変化して果実になるには，Bの先端に花粉がつく（受粉する）ことが必要である。

　③ 受粉した結果，子房の部分は果実になり，子房の中の胚珠は種子になる。

(4) 胚珠が子房の中にある種子植物を，被子植物という。

1 太陽は南側を通るので，校舎などの建物の南側は日光がよく当たり，地面も乾いていることが多いです。一方，校舎などの建物の北側では，建物によって太陽の光がさえぎられるため日当たりが悪く，地面も湿っていることが多いです。ドクダミは日当たりが悪く，地面が湿っている環境で育つ植物ですが，タンポポは日当たりがよく，地面が乾いている環境でも成長する植物です。

2 ルーペを使うとき，ルーペを目に近づけて持ち，ルーペと目の間の距離を固定するのは，そのほうが視野が広くなって観察しやすいからです。これは，双眼実体顕微鏡や顕微鏡を使うときも同じことで，目は接眼レンズに近づけたまま観察します。

3 果実ができるためには，めしべの先に花粉がつくことが必要であり，めしべの先に花粉がつくことを受粉といいます。これは，小学校で，アサガオやヘチマを使った実験で確かめていることですが，小学校と違うのは，花弁，やく，柱頭，子房，胚珠，果実，種子などの用語が出てくることです。このような用語を使って，花のつくりや受粉のしくみについて説明できるようにしておきましょう。

覚えておきたい知識

【花のつくりと各部のはたらき】
・やく…おしべの先端にある，花粉が入っている袋状のもの。
・柱頭…めしべの先端にある。ねばねばしているなど，花粉がつきやすいつくりになっている。
・子房，胚珠…めしべの根もとのふくらんでいる部分を子房，子房の中にある粒状のつくりを胚珠という。

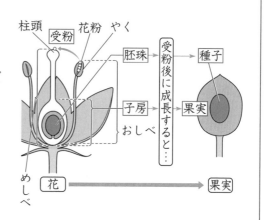

【果実と種子の関係】
・受粉すると，子房の部分が大きく成長を始める。やがて子房は果実，胚珠は種子に変化する。

答え

1 (1) A　(2)a 花粉のう　　b 胚珠
　　(3) ウ, オ　(4) 裸子植物
2 (1) 平行脈　(2) 網状脈　(3) C
　　(4) 単子葉類
3 (1) a, b　(2)e 胞子のう　　f 胞子
　　(3) イ, オ, カ　(4) シダ植物
4 A ウ　B ア　C エ　D イ

解説

1

(1) 新しくのびた枝の先端に雌花が, その枝の根もと付近に雄花がつく。

(2) マツの雌花や雄花には花弁やがくはなく, りん片が多数重なったつくりになっている。雌花のりん片には胚珠が, 雄花のりん片には花粉のうがある。

(3) 胚珠は将来, 種子になる部分であり, 種子植物には必ずある。また, マツの花粉には空気袋がついていて風に飛ばされやすく, 遠くまで移動することができる。

(4) 子房がなく, むき出しの胚珠をもつ種子植物を, 裸子植物という。

2

被子植物には, 発芽のときの子葉が1枚の単子葉類と, 子葉が2枚の双子葉類の2種類がある。単子葉類は, 葉は平行脈, 根はひげ根になっている。双子葉類は, 葉は網状脈, 根は主根と側根になっている。

3

(1) 地上に見える部分はすべて葉である。茎のように見えるbは葉の柄である。

(2) eは胞子のうで, fはeでつくられた胞子である。胞子のうの集まりが葉の裏に多数ある。

(3) シダ植物は花をさかせず, 根, 茎, 葉の区別があり, 多くのシダ植物は, 日かげや湿りけの多いところで生育する。

(4) シダ植物の葉の裏にできる胞子のうは, 成熟するとはじけて胞子が飛び出す。胞子は湿りけのあるところに落ちると発芽して成長する。

4

種子植物は子房の有無によって被子植物と裸子植物に分けられ, 被子植物は子葉の数によって単子葉類と双子葉類に分けられる。さらに, 双子葉類は花弁のつくりによって合弁花類と離弁花類に分けられる。

1 マツの花のつくりは，被子植物の花とは大きく異なりますが，胚珠や花粉があり，種子をつくってなかまをふやすことは被子植物と同じです。しかし，がくや花弁はなく，子房もないため，果実はできないことに注意しましょう。

2 単子葉類と双子葉類は，子葉は1枚か2枚か，葉脈は平行脈か網状脈か，根はひげ根か主根と側根があるかに特徴が見られます。それぞれの特徴を混同しないように，表などに整理してまとめて覚えるとよいでしょう。

3 シダ植物は胞子をつくってなかまをふやす特徴があり，種子植物とはまったく違う植物です。イヌワラビは茎が地下にあり，地表で見られるものはすべて葉です。また，めしべやおしべなどの器官はなく，なかまをふやす胞子は葉の裏でつくられます。

4 植物を分類するときは，子房の有無，子葉の数や葉脈などの違い，花のつくりの違いなどをもとに分類していきます。

覚えておきたい知識

【マツの雌花と雄花】
・新しくのびた枝の先端に雌花，その枝の根もと付近に雄花がつく。
・雌花のりん片…胚珠がある。
・雄花のりん片…花粉のうがある。

【双子葉類と単子葉類】
・子葉の数，葉脈，根のようす，茎の維管束の並び方（中2）に特徴がある。

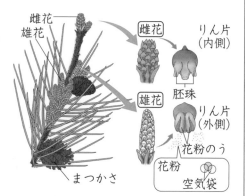

	子葉	葉脈	根	茎の維管束
単子葉類	1枚	平行脈	ひげ根	散らばっている
双子葉類	2枚	網状脈	主根と側根	輪状に並んでいる

答え

1 (1) （例）背骨がある。　(2)　両生類
　　(3)① エ　② ア　(4)　D

2 (1)　B　(2)a　犬歯　　b　門歯
　　(3)　（例）獲物をしとめるのに役に立つ。　(4)　B

3 (1)　無セキツイ動物
　　(2)① 節足動物　② ウ　③ 昆虫類　④ 外とう膜

4 (1)A ウ　　B エ
　　(2)b　スズメ　e メダカ　f バッタ

解説

1

(1)　表の5つのグループの動物は、いずれも背骨がある動物で、セキツイ動物という。

(2)　セキツイ動物は、魚類、両生類、ハチュウ類、鳥類、ホニュウ類の5種類。

(3)　鳥類のからだは羽毛でおおわれ、ホニュウ類のからだは毛でおおわれている。胎生はホニュウ類だけで、ほかはすべて卵生。

(4)　ペンギンは鳥類だが、空を飛ぶことはできない。水中を飛ぶように泳いで、えさとなる魚などを取る。

2

(1)　Aが肉食動物で目は前向き、Bが草食動物で目は横向きについている。

(2)　肉食動物の犬歯は、大きく鋭い。草食動物の門歯は、草をかみ切るのに適している。

(3)　肉食動物の犬歯は、獲物をとらえるのに適している。

(4)　目が横向きについていると、視野が広くなり、捕食者を早く見つけられる。

3

(1)　背骨のない動物を無セキツイ動物という。節足動物や軟体動物などさまざまな種類がいる。

(2)①　A・Dのグループは節足動物である。Aは昆虫類、Dは甲殻類である。

②　からだが3つの部分に分かれ、あしが6本あるのはAの昆虫類のみで、Dの甲殻類にはあてはまらない。AとDに共通している特徴は、からだが外骨格におおわれていること。

④　BとCは軟体動物で、外とう膜とよばれる筋肉の膜が内臓をおおっている。イカ、アサリのほか、タコやハマグリ、マイマイなどもふくまれる。

4

(1)　Aは鳥類とハチュウ類、Bは昆虫類と甲殻類の分類の観点。

(2)　aはイヌ、bはスズメ、cはトカゲ、dはカエル、eはメダカ、fはバッタ、gはカニ、hはイカである。

1 セキツイ動物の5種類の分類名と，呼吸のしかた，子のうまれ方，体表などの特徴をしっかり覚えておきましょう。また，子は水中で生活し，親になると肺で呼吸して陸上でも生活できるようになる両生類については，入試でもよく問われるところなので注意が必要です。

2 肉食動物のライオンと草食動物のウマでは，発達している歯が違うだけでなく，目の付き方も違います。捕食する側のライオンの目は，顔の前面についていて，獲物までの距離を正確にはかります。捕食される側のウマの目は，横についているため視野が広く，ライオンなどの動きをいち早く察知することができ，捕食者から逃れることができます。

3 アサリやハマグリは，イカやタコと同じなかまで，どちらも軟体動物です。外見がまったく違うので間違えやすいところです。貝殻は，外とう膜からカルシウムをふくむ液が分泌されてつくられたもので，骨格ではありません。

4 セキツイ動物は，生活場所，体表などのようす，呼吸のしかた，子のうまれ方は卵生か胎生かなどの特徴をもとに分類します。無セキツイ動物は，節足動物と軟体動物，その他の動物に分類されます。それぞれ代表的な動物をもとに整理しておきましょう。

📓 **覚えておきたい知識**

【セキツイ動物の分類】
・ホニュウ類…胎生，肺で呼吸，毛でおおわれている。
・鳥類…卵生（殻のある卵を陸上にうむ），肺で呼吸，羽毛でおおわれている。
・ハチュウ類…卵生（殻のある卵を陸上にうむ），肺で呼吸，うろこがある。
・両生類…卵生（殻のない卵を水中にうむ），えら・皮膚で呼吸→肺・皮膚で呼吸，湿った皮膚をもつ。
・魚類…卵生（殻のない卵を水中にうむ），えらで呼吸，うろこがある。

【無セキツイ動物の分類】
・節足動物…外骨格がある，昆虫類（頭部，胸部，腹部，あしが3対ある）と甲殻類に分かれる。
・軟体動物…外とう膜がある，骨格はない。

答え

1 (1)a 核　　b 細胞膜　　c 細胞壁　　d 葉緑体
　　(2) a　　(3) イ，ウ，カ
2 (1) B　　(2)① 光合成　　② 二酸化炭素
　　(3) 対照実験
3 (1) a　　(2) 道管　　(3) 維管束
　　(4) ア　　(5) 双子葉類
4 (1) 気孔　　(2) 蒸散
　　(3) 裏側　　(4) 2.8g

解説

1

(1) A〜Cの細胞には，共通して核と細胞膜がある。BやCの植物の細胞には細胞壁があり，さらにCの緑色をした部分の細胞には葉緑体がある。

(2) 染色液によって核が赤く染まり，観察しやすくなる。

(3) 液胞は，成長した植物の細胞に多く見られるつくりである。

2

(1) 試験管Bは，息にふくまれる二酸化炭素によって石灰水が白くにごる。

(2) 試験管Aの植物の葉に日光が当たると，光合成が行われて二酸化炭素が吸収される。

(3) 試験管Bは，試験管Aに植物の葉を入れたこと以外は，試験管Aと同じ条件で実験している。調べたい1つの条件以外を同じにして別に行う実験を，対照実験という。

3

(1) aは道管，bは師管が集まっている。

(2) 根から吸収した水は道管を通り，葉でつくられた養分は師管を通る。

(4) 道管は，葉の維管束では葉の表側，茎の維管束では茎の中心側にある。

(5) 茎の維管束の並び方は，双子葉類は輪のように並び，単子葉類は茎全体に散らばっている。

4

(1) 葉にワセリンをぬると，葉の気孔がふさがれ，蒸散ができなくなる。

(2) 葉などの気孔から水が水蒸気となって出ていくことを蒸散という。

(3) 葉の裏側からの蒸散量は，
　　$2.6 - 0.3 = 2.3$ [g]
　　葉の表側からの蒸散量は，
　　$0.8 - 0.3 = 0.5$ [g]
　　よって，葉の裏側からの蒸散量のほうが多い。

(4) $2.3 + 0.5 = 2.8$ [g]

学習のアドバイス ·············· 得点が低かったところを読もう！ ··············

1 植物の細胞と動物の細胞の違いは，細胞壁，葉緑体，液胞があるかどうかですが，葉緑体については，植物ならばどの部分の細胞にもあるわけではありません。根のように緑色をしていない部分の細胞には，葉緑体はふくまれていないことに注意しましょう。

2 対照実験は，生物のはたらきを調べる上で必要な実験です。ここでは，実験条件の違いは植物の葉の有無だけであることから，結果の違いが葉のはたらきによるものであることが確かめられます。

3 単子葉類と双子葉類については，中1では子葉の数，根の形，葉脈の違いを学習しています。中2では，葉や茎の維管束の並び方が新しく出てきた内容になるので，合わせて確認しておきましょう。

4 このような実験では，葉の表，葉の裏，茎に分けて，蒸散が起こったところを整理すると間違いが少なくなります。

📖 覚えておきたい知識

【光合成のはたらき】
・光合成…植物が光を受けてデンプンをつくるはたらき。二酸化炭素と水が使われ，酸素が発生する。

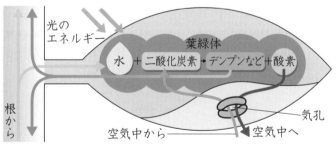

【呼吸と光合成】
・昼間…呼吸＜光合成
　　→酸素を出す。
・夜間…呼吸のみ
　　→二酸化炭素を出す。

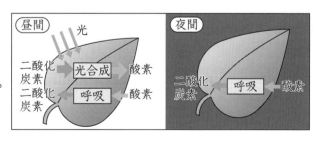

9

5 生物のからだのつくりとはたらき②　本冊　P12, 13

答え

1 (1)　B→C→F→E　　(2)　消化管　　(3)　だ液
　　(4)　消化酵素　　(5)　ブドウ糖

2 (1)　小腸　　(2)　柔毛　　(3)管A　毛細血管　　管B　リンパ管
　　(4)①　A　　②　A　　③　B

3 (1)　気管支　　(2)　肺胞　　(3)○　酸素　　●　二酸化炭素
　　(4)　息を吸ったとき

4 (1)A　じん臓　　B　輸尿管
　　(2)　b，c　　(3)　イ

解説

1

(1)(2)　消化管は，口から始まり，食道→
　胃→小腸→大腸→肛門と続く1本の管
　である。だ液せん，すい臓，肝臓は消
　化液などを消化管に出すが，食物は通
　らない。

(3)　消化液はだ液のほかに，胃液，胆汁
　（消化酵素をふくまない），すい液があ
　る。

(4)　それぞれの消化酵素は決まった物質
　にだけはたらき，ヒトの体温ぐらいの
　温度ではたらく。消化酵素は温度が低
　いとはたらかず，高いとそのはたらき
　を失う。

2

(1)(2)　小腸の内側の壁は，柔毛でおおわ
　れているため，小腸の表面積が非常に
　大きくなり，養分を効率よく吸収する
　ことができる。

(3)　リンパ管のまわりに毛細血管がある。

(4)　アミノ酸とブドウ糖は毛細血管に入
　る。脂肪酸とモノグリセリドは，柔毛
　の表面から吸収された後，再び脂肪に

なってリンパ管に入る。

3

(1)　気管は肺の中で細かく枝分かれし，
　これを気管支という。

(2)　気管支の先には，小さな肺胞が多数
　集まっている。

(3)　肺胞から毛細血管に移動している○
　が酸素，毛細血管から肺胞へ移動して
　いる●が二酸化炭素である。

(4)　実験装置は，ゴム風船が肺，ゴム膜
　は横隔膜，ガラス管は気管，ペットボ
　トルが胸腔にあたる。

4

(1)　Aはじん臓，Bは輸尿管である。

(2)　尿素は血液によってじん臓に運ばれ
　る。じん臓では，尿素などの不要物が
　血液からこしとられる。じん臓に血液
　が入る向きが動脈，血液がじん臓から
　出てくる向きが静脈である。

(3)　ウは肝臓のはたらき，エはぼうこう
　のはたらきである。

10

1 ご飯にふくまれているデンプンは，だ液にふくまれているアミラーゼによって，麦芽糖などに分解されます。さらに，麦芽糖などは別の消化酵素によってブドウ糖に分解されます。デンプン，タンパク質，脂肪が最終的に何に分解されるのか，それに関係している器官や主な消化酵素は何かを整理しておきましょう。

2 小腸は，柔毛という小さなつくりが無数にあることによって，全体の表面積が非常に大きくなり，物質を効率よく取り入れることができます。これは，肺の肺胞にもいえることです。小さなつくりが無数にある理由がよく問われます。

3 肺は筋肉がないため，肺自身が動くことはできません。ろっ骨と横隔膜の運動によって，肺が入っている空間（胸腔）を広げたり，もとの大きさにもどしたりして，空気を出し入れすることができます。

4 肝臓とじん臓のはたらきを混同しないようにしましょう。肝臓は，有害なアンモニアから無害な尿素をつくります。じん臓は，肝臓でつくられた尿素を血液中からこしとり，尿をつくる器官です。

📖 覚えておきたい知識

【消化と吸収】
・デンプン，タンパク質，脂肪は，消化酵素によって，ブドウ糖，アミノ酸，脂肪酸・モノグリセリドに分解され，小腸で吸収される。

【呼吸】
・肺胞で酸素が血液中に取り入れられ，二酸化炭素が血液中から肺胞に出される。

【排出】
・肝臓でアンモニアが尿素に変えられ，じん臓でこし出されて尿となる。

だ液せん
口
だ液中の消化酵素
胃液中の消化酵素
食道
胆のう
（胆汁）
肝臓
胃
すい液中の消化酵素
すい臓
小腸の壁の消化酵素
大腸
小腸
肛門

デンプン → ブドウ糖
タンパク質 → アミノ酸
脂肪 → 脂肪酸・モノグリセリド

11

答え

1 (1) 肺循環　　(2) 体循環　　(3) 動脈
　　(4)① b　② d　③ e

2 (1)A　赤血球　　B　白血球　　C　血小板
　　(2) ヘモグロビン　　(3) ア　　(4) 組織液

3 (1) 感覚器官　　(2)A　イ　　B　ウ
　　(3) a　　(4) うずまき管

4 (1) B→D→F→A→H→I→E→C　　(2) 反射　　(3) イ, ウ, エ

解説

1

(1) 肺循環では, 肺で酸素を取り入れ, 二酸化炭素が出される。

(2) 体循環では, 全身の細胞に酸素と養分を与え, 細胞から二酸化炭素や不要な物質を受けとる。

(3) 心臓から送り出される血液が流れる血管を動脈, 心臓にもどる血液が流れる血管を静脈という。

(4) 酸素は肺で, 養分は小腸で血液中に取り入れられ, 不要な物質はじん臓で血液中から取り除かれる。

2

(1) Aの赤血球は円盤状をしている。Bの白血球は細菌などをとらえて分解する。Cの血小板は小さくて不規則な形をしており, 出血したときに血液を固める。

(2)(3) ヘモグロビンは, 酸素の多い肺では酸素と結びつき, 酸素の少ない組織では酸素を放す。

(4) Dの血しょうは, 酸素や養分, 二酸化炭素などの不要物をとかして運ぶ。

3

(1) 目には光, 耳には音を刺激として受けとる細胞がある。

(2) Aは虹彩で, のび縮みして目に入る光の量を調節する。Bは網膜で, 光を刺激として受けとる細胞が並んでいる。

(3) 空気の振動を最初にとらえるのは, aの鼓膜である。bは耳小骨で, 鼓膜でとらえた振動をうずまき管に伝える。Cのうずまき管では刺激の振動を信号に変え, cの聴神経はその信号を脳に伝える。

(4) うずまき管の内部には感覚細胞があり, 刺激の振動を信号に変える。

4

(1) 刺激が脳に伝わり, 脳が手を強く握られたと判断し, 手を強く握り返す命令を出す。

(2) 刺激に対して無意識に起こる反応を, 反射という。

(3) 反射は, 刺激を受けてから反応が起こるまでの時間が短いので, 危険から身を守ることなどに役立つ。

1 肺では酸素と二酸化炭素の交換，小腸では養分の吸収，肝臓ではアンモニアを尿素に変える，じん臓では尿をつくるなど，各器官のはたらきを，血液循環における物質のやりとりと関連付けて覚えるとよいでしょう。

2 酸素，養分，二酸化炭素，不要物の運ばれ方を整理しておきましょう。酸素以外の物質は血しょうにとけて運ばれます。酸素は血管の中では赤血球（ヘモグロビン）と結びつき，酸素の少ない組織の細胞では血しょうにとけています。血しょうは毛細血管からしみ出し，組織の細胞のまわりを満たして物質がやりとりされます。

3 網膜上の感覚細胞で光の刺激を受けとっただけでは，視覚は生じないことに注意しましょう。感覚細胞で光の刺激が信号に変えられ，その信号が神経を通じて脳に送られてはじめて「見えた」という視覚が生じます。

4 反射は，意識して起こす反応に比べて反応時間が短いことが特徴です。反射の具体例や刺激が伝わる経路などが問われやすいです。

📓 **覚えておきたい知識**

【肺循環と体循環】

・肺循環…肺で酸素を取り入れ，二酸化炭素を排出する。

・体循環…組織の細胞に酸素と養分を与え，細胞で生じた二酸化炭素などの不要物を受けとる。

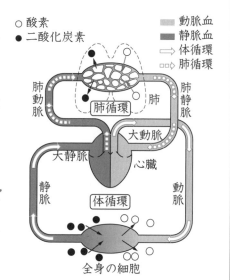

○ 酸素
● 二酸化炭素

動脈血
静脈血
⇨ 体循環
⇨ 肺循環

【組織液】

・組織液…血しょうが毛細血管からしみ出し，細胞の間を満たしている液。血液が運んできた酸素，養分，細胞から出された二酸化炭素，不要物がとけている。

【脳が判断する反応と反射】

・脳が判断する反応…
（刺激→）感覚器官→感覚神経→脊髄→脳→脊髄→運動神経→筋肉（→反応）

・反射…（刺激→）感覚器官→感覚神経→脊髄→運動神経→筋肉（→反応）

7 生命の連続性①

本冊 P16, 17

答え

1 (1) ウ　(2) A　(3)① 数　② 大きさ

2 (1) 体細胞分裂　(2) 染色体
(3) （ア→）ウ→オ→イ→エ（→カ）
(4) （例）染色体が複製されているから。

3 (1)① ウ　② ア　(2) 無性生殖

4 (1) 精巣　(2)A 精子　B 卵
(3) 受精卵　(4) ウ→ア→エ→イ

5 (1)A 花粉管　B 精細胞
(2) C　(3) 有性生殖

解説

1

(1) 根の先端に近い部分の印の間隔が広くなり，根の先端から離れた部分の印の間隔はほとんど変化しない。

(2) 先端から離れるほど細胞は大きく，先端に近いほど小さい細胞が並んでいる。

(3) 根が成長する際は，体細胞分裂によって細胞の数がふえ，ふえた細胞が分裂前の大きさに成長して根全体がのびる。

2

(2) 染色体は，酢酸オルセイン液などの染色液で赤っぽく染まる。

(3) ①核の形が消え，染色体が現れる。
②染色体が中央に並ぶ。
③染色体が2つに分かれ，両端に移動する。
④両端に核，中央に仕切りができる。
⑤細胞質が2つに分かれ，2つの細胞ができる。

(4) 体細胞分裂が始まる前に，染色体は複製されて2倍になっている。

3

(1) ヒドラのふえ方を出芽，ゾウリムシのふえ方を分裂という。

(2) 雌雄の親を必要とせず，体細胞分裂でふえるふえ方を，無性生殖という。

4

(1)(2) 雄の精巣では精子が，雌の卵巣では卵がつくられる。

(3) 1つの精子が卵の中に入り，精子の核と卵の核が合体する。これを受精といい，受精した卵を受精卵という。

(4) 受精卵は体細胞分裂をくり返して，多数の細胞の集まりである胚になる。

5

(1)(2) 花粉が柱頭につくと，柱頭の中へ花粉管がのびる。その中を精細胞が移動し，胚珠の中の卵細胞と受精する。

(3) 卵と精子（卵細胞と精細胞）の受精によって新しい個体ができる。

14

1 植物の根の先端付近には，成長点という細胞分裂のさかんな部分があります。こ
こで，細胞分裂によって細胞の数がふえ，ふえた細胞の1つ1つがもとの大きさに
成長することで，根全体がのびていきます。

2 体細胞分裂の問題は，模式図だけでなく，実際の顕微鏡写真などをもとにした問
題もよく出題されます。体細胞分裂の順序では，染色体が細胞の中央あたりに集まっ
ているか，一直線上に並んでいるか，両端に移動しているかなどに注目します。

3 植物の無性生殖は，一定の品質のそろった農作物を多くつくることができるため，
農業や園芸などで広く利用されています。

4 減数分裂によってつくられた卵と精子の染色体の数は，体細胞の半分ですが，そ
れが受精することで染色体の数がもとにもどります。受精卵は体細胞分裂を行って
胚になります。

5 被子植物の生殖細胞は，卵細胞と精細胞です。動物の生殖細胞である卵と精子と
は，名前が微妙に異なることに注意しましょう。

📖 覚えておきたい知識

【根の成長】
・根の先端付近に成長点があり，体細胞分裂が起こり，細胞の数がふえる。
・ふえた細胞が大きくなって，根がのびる。

【体細胞分裂】

① 染色体　② 　③ 　④ 　⑤

①	②	③	④	⑤
核の形が消え，染色体が現れる。	染色体が中央に集まる。	染色体が分かれて，それぞれ両端に移動する。	両端に核ができ始め，仕切りができる。	細胞質が2つに分かれ，2つの細胞ができる。

【生殖細胞】
・動物…雌の卵巣で卵，雄の精巣で精子ができる。
・被子植物…めしべの胚珠に卵細胞，花粉に精細胞ができる。
・受精…卵（卵細胞）と精子（精細胞）が結合し，受精卵ができる。

8 生命の連続性②

答え

1 (1) 対立形質　　(2) 丸
　　(3) Ａａ　　(4) エ
2 (1) 減数分裂　　(2) 分離の法則　　(3) ＡＡ，Ａａ，ａａ
　　(4) 3：1　　(5) ＤＮＡ
3 (1) シソチョウ　　(2) ウ，エ
　　(3) ハチュウ類，ホニュウ類
4 (1)Ａ エ　　Ｂ イ　　Ｃ ウ　　Ｄ ア
　　(2) 相同器官

解説

1

(1) エンドウの種子の形には丸としわがあるが，1つの種子にそれらが同時に現れることはない。そのような2つの形質を，対立形質という。

(2) 対立形質をもつ純系どうしの交配で，子に現れる形質を，顕性形質という。

(3) 純系の親の遺伝子はＡＡ，ａａである。生殖細胞の遺伝子はＡとａだから，子の遺伝子はすべてＡａとなる。

(4) 孫の遺伝子の組み合わせは，
　　ＡＡ：Ａａ：ａａ＝1：2：1
　　丸としわの数の比は，3：1となる。

2

(1) 生殖細胞ができるときの細胞分裂で，染色体の数がもとの細胞の半分になる。

(2) 生殖細胞ができるとき，対になっている染色体が分かれて別々の細胞に入る。

(3) 孫の代の遺伝子の組み合わせとその割合は，ＡＡ：Ａａ：ａａ＝1：2：1

(4) 丸い種子になるのは，ＡＡとＡａ。

顕性形質と潜性形質の数の比は，
　　(1＋2)：1＝3：1

(5) ＤＮＡは遺伝子の本体となる物質で，デオキシリボ核酸という。

3

(2) 翼と羽毛があるのは鳥類の特徴である。歯があり，尾に骨があるのはハチュウ類の特徴である。

(3) カモノハシは，原始的にはホニュウ類。子は母乳で育つが，卵生である。また，ハチュウ類に似た骨格をもつ。

4

(1) 鳥類は前あしが翼になり，空を飛ぶ。クジラは前あしが胸びれになり，水中を泳ぐ。イヌの前あしはからだを支え，ヒトのうではいろいろな作業をする。

(2) 相同器官は，現在の形やはたらきは異なるが，基本的なつくりが似ていて，起源が同じと考えられる器官である。

16

1 純系，対立形質，顕性形質，潜性形質など，遺伝に関する用語はその意味を覚えておきましょう。また，比を使った簡単な計算もできるようにしましょう。

2 Ａａの遺伝子をもつエンドウの自家受粉を行うと，できた種子の遺伝子の組み合わせは，ＡＡ：Ａａ：ａａ＝1：2：1になりますが，ＡＡとＡａは同じ形質を示すので，顕性形質と潜性形質の数の比は3：1となることに注意しましょう。入試でもよく問われる比率です。

3 シソチョウはハチュウ類と鳥類，カモノハシはハチュウ類とホニュウ類の特徴をもち，どちらもよく問われる動物です。2種類の動物の中間的な動物が存在することは，生物の進化が起こったことを示しています。

4 相同器官があることによって，生物が共通の祖先からそれぞれの環境や生活に適するように進化してきたことがわかります。

✐ 覚えておきたい知識

【遺伝】
・対立形質…どちらか一方の形質だけが現れ，同時には現れない形質どうし。
・顕性形質と潜性形質…対立形質をもつ純系どうしの交配で，子に現れる形質を顕性形質，現れない形質を潜性形質という。
・分離の法則…生殖細胞ができるとき，対になっている遺伝子が分かれて，別々の細胞に入ること。

【遺伝の規則性】
・親（ＡＡとａａ）から子への遺伝…すべてＡａとなる。
・子（Ａａ）の自家受粉による孫への遺伝…ＡＡ：Ａａ：ａａ＝1：2：1

　　　　　　　　　　　　　　　　　　顕性形質：潜性形質＝3：1

【中間的な特徴をもつ生物】

シソチョウ(始祖鳥) 鳥類の特徴

歯

前あしが翼になっている。

羽毛をもつ。

尾の骨

つめ　ハチュウ類の特徴

カモノハシ　ホニュウ類の特徴

子は母乳で育つ。

毛でおおわれている。

ハチュウ類に似た特徴

卵をうむ。

体温が安定しない。

17

答え

1 (1) A　(2) A　(3) 二酸化炭素　(4) 有機物　(5) ウ, エ

2 (1) メスシリンダー　(2) 12.0cm³　(3) 7.9g/cm³　(4) 鉄

3 (1) 水にとけにくい気体

(2)①液体A キ　固体B イ　②液体A オ　固体B ウ

(3) (例) 装置の中に入っていた空気が混じっているから。

(4) (例) 石灰水に通して白くにごるかどうか調べる。

4 (1) (例) 手であおぐようにしてかぐ。

(2) B　(3) 水

解説

1

(1) ろうそくが燃えると水ができ, 集気びんの内側に水滴がついて内側がくもる。

(2) ろうそくが燃えると, 水とともに二酸化炭素ができ, 石灰水を入れると白くにごる。

(3) 石灰水と二酸化炭素が反応して, 水にとけにくい炭酸カルシウムができる。

(4) 有機物は炭素をふくむ物質で, 燃えると二酸化炭素が発生する。

(5) 食塩とガラスは無機物の非金属, アルミニウムは無機物の金属である。

2

(2) 液面の最も低いところを, 最小目盛りの $\frac{1}{10}$ まで目分量で読む。

$62.0 - 50.0 = 12.0 [cm^3]$

(3) 質量は94.4g, 体積は12.0cm³だから, 密度は, $\frac{94.4[g]}{12.0[cm^3]} = 7.86\cdots[g/cm^3]$

より, 7.9g/cm³

(4) 求めた密度から, 立方体は鉄でできている。

3

(1) 水上置換法は, 水にとけにくい気体を集めるときに使う。

(2) 酸素は, 二酸化マンガンにうすい過酸化水素水を加えると発生する。二酸化炭素は, 石灰石にうすい塩酸を加えると発生する。

(3) はじめに出てくる気体には, 試験管やガラス管内の空気が混じっている。

(4) 発生した二酸化炭素を石灰水に通すと, 石灰水が白くにごる。

4

(1) 気体を集めた試験管に鼻を近づけて直接においをかぐのは危険である。試験管の口の付近を手であおぐようにしてかぐ。

(2) Aは水素, Bは二酸化炭素, Cはアンモニア, Dは酸素, Eは窒素である。このうち水にとけるのはBとCである。Bは酸性, Cはアルカリ性を示す。

(3) 水素が燃えると水ができる。

1 炭素をふくむ物質を有機物といい，有機物以外の物質は無機物です。金属以外の物質を非金属といい，金属以外の無機物と有機物はすべて非金属になります。

2 物質の密度は，物質の種類によって決まっていて，物質を区別する手がかりになります。密度を求める公式「密度＝質量÷体積」は，質量や体積を求める際にも使えるようにしておきましょう。

3 酸素と二酸化炭素は，生物の呼吸，植物の光合成，物質の循環，環境問題など，ほかの分野でもよく出てくる気体です。性質をしっかり頭に入れておきましょう。

4 酸素，二酸化炭素，水素，アンモニアの4種類の気体については，発生法，集め方，水へのとけ方，気体の確認法について問われることが多いです。表などにまとめて覚えるとよいでしょう。

📖 覚えておきたい知識

【物質の密度】

・密度…物質 $1cm^3$ あたりの質量。

$$密度[g/cm^3] = \frac{質量[g]}{体積[cm^3]}$$

【気体の集め方】

・水上置換法…水にとけにくい気体を集める。

・上方置換法…水にとけやすく，空気より軽い気体を集める。

・下方置換法…水にとけやすく，空気より重い気体を集める。

【気体のおもな性質】

・水素…最も軽い。燃える。

・アンモニア…刺激臭がある。空気より軽い。
　水に非常によくとけて，水溶液はアルカリ性。

・二酸化炭素…空気より重い。水に少しとける。石灰水を白くにごらせる。

・酸素…ほかの物質を燃やす。

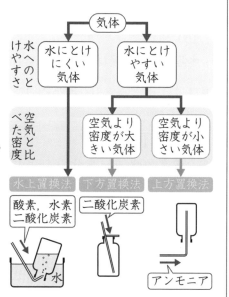

答え

1 (1)　100g　　(2)　15%　　(3)　B
　　(4)①　60g　　②　水を200g加える。
2 (1)　硝酸カリウム
　　(2)　(例) 温度が変わっても溶解度があまり変化しないから。
　　(3)①　イ　　②　結晶
3 (1)①体積　小さくなる　　質量　変わらない　　②　沈む
　　(2)①　ふくらむ
　　　②　(例) エタノールが気体に変化して体積が大きくなるから。
4 (1)A　融点　　B　沸点　　(2)①　イ　　②　オ
5 (1)　エタノール　　(2)　蒸留

解説

1

(1)　水溶液の質量は，溶質の質量＋溶媒の質量だから，15＋85＝100[g]

(2)　$\dfrac{15[g]}{100[g]} \times 100 = 15[\%]$

(3)　水溶液Bの質量は，40＋120＝160[g]
　　濃度は，$\dfrac{40[g]}{160[g]} \times 100 = 25[\%]$

(4)①　$200 \times \dfrac{30}{100} = 60[g]$

　　②　濃度30%を，半分の15%にするので，水溶液の質量を2倍にすればよい。

2

(1)　硝酸カリウムは温度によって溶解度が大きく変化するので，温度を下げると，とけきれなくなった溶質が現れる。

(3)　アは硝酸カリウム，イは塩化ナトリウム，ウはミョウバン，エは硫酸銅。

3

(1)①　物質の状態が変化しても，物質の質量は変化しないが，液体から固体の変化では，体積は小さくなる。

　　②　体積が小さくなる分，密度は大きくなり，液体の中に入れると固体は沈む。

(2)　熱湯をかけることで温度が高くなり，エタノールが液体から気体に変化する。

4

(1)　純粋な固体を加熱したので，はじめに温度が一定になるAが融点，次に温度が一定になるBが沸点である。

(2)①　状態変化中で，温度は一定である。
　　②　気体の温度が上昇している。

5

(1)　沸点の低いエタノールが水より先に沸騰し，エタノールを多くふくむ液体がたまる。

(2)　物質の沸点の違いを利用して，蒸留によって液体の混合物を分離できる。

学習のアドバイス　　　　　　　　得点が低かったところを読もう！

1 濃度の公式を変形して使ったり，求める量を x として濃度の式を表して値をもとめたりしてもよいです。また，(4)のように，濃度を半分にうすめるときは，水溶液の質量と同じ質量の水を加えればよいことも覚えておきましょう。

2 硝酸カリウムは温度による溶解度の差が大きく，塩化ナトリウムは溶解度の差がほとんどない物質です。溶解度曲線の形から，その物質の特徴を読みとれるようにしておきましょう。

3 状態変化では質量は変わりません。体積が小さくなれば密度は大きくなり，体積が大きくなれば密度は小さくなります。勘違いしやすいので，気をつけましょう。

4 温度変化のグラフでは，純粋な物質が状態変化をしているときの温度（融点，沸点）は変わりません。混合物の場合は一定の温度にならず，上昇します。

5 水とエタノールの混合物を加熱すると，エタノールの沸点（約78℃）付近で沸騰を始めます。このとき，試験管にはエタノールが多くたまり，水と分離されています。

覚えておきたい知識

【質量パーセント濃度】

・質量パーセント濃度 $[\%] = \dfrac{溶質の質量[g]}{溶液の質量[g]} \times 100$

・溶液の質量 $[g]$ ＝溶質の質量 $[g]$ ＋溶媒の質量 $[g]$

【溶解度と再結晶】

・溶解度…100gの水にとける物質の最大の量の値。
・再結晶…固体の物質を再び結晶として取り出すこと。

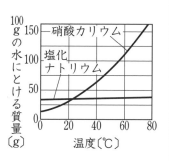

【状態変化と体積・質量】

・状態変化…温度によって物質の状態が変わること。
　体積は変化するが，質量は変化しない。
・融点…固体がとけて液体に変化するときの温度。
・沸点…液体が沸騰して気体に変化するときの温度。
・蒸留…液体を沸騰させて気体にし，それを冷やして再び液体にして取り出すこと。

答え

1 (1) 二酸化炭素　(2) 水
　　(3) 炭酸ナトリウム　(4) 3種類

2 (1) (例) 水に電流を流しやすくするため。
　　(2) 酸素　(3) 水素　(4) 1:2

3 (1)① 銅　② 銀　③ マグネシウム
　　(2)① ア, イ, オ　②ア O_2　イ H_2　ウ H_2O　エ CO_2
　　　③ NaCl

4 (1)A ア　B イ　(2)① 2　② CO_2　③ H_2O

解説

1

(1) 石灰水が白くにごったことから, 発生した気体は二酸化炭素であることがわかる。

(2) 青色の塩化コバルト紙は, 水にふれると赤色 (桃色) に変化する。

(3)(4) 炭酸水素ナトリウムを加熱すると, 水, 二酸化炭素, 炭酸ナトリウムの3種類の物質に分解する。

2

(1) 純粋な水は電流が流れにくいので, 電解質で電流を流しても変化しない物質を水にとかす。水酸化ナトリウムのかわりに, うすい硫酸をとかしてもよい。

(2)(3) 電源の＋極につないでいるA極は陽極, 電源の－極につないでいるB極は陰極である。

(4) 陽極に酸素, 陰極に水素が,
陽極:陰極＝1:2の体積の割合で発生する。

3

(2)① 1種類の元素からできている物質を単体といい, 2種類以上の元素からできている物質を化合物という。

　② 物質を元素記号と数字を使って表したものを, 化学式という。

　③ 化合物の化学式では, NaClのように, 金属の元素記号を先に書く。非金属の中では, 原則C→H→Cl→Oの順に書く (CO_2, H_2O, HClなど)。

4

(1) 最初の式で, 酸素原子の数を合わせるために, 左側に水分子を1個加えている。次に, 水素原子の数を合わせるために, 右側に水素分子を1個加えている。

(2) 炭酸水素ナトリウムを加熱すると水と二酸化炭素が発生するので, ②はCO_2, ③はH_2Oである。左右で原子の種類と数を合わせると, 次のようになる。

　$2NaHCO_3 \rightarrow Na_2CO_3 + CO_2 + H_2O$

1 実験では，分解されてできる物質だけではなく，実験操作の理由について問われることも多いです。加熱する試験管の口のほうを少し下げる理由，加熱をやめる前に行う操作は何か，最初に試験管に集めた気体を捨てる理由など，実際に問われた際に答えられるようにしておきましょう。

2 水の電気分解は，化学反応式 $2H_2O \rightarrow 2H_2 + O_2$ を頭に入れておけば，発生する気体の種類や，その体積比は合わせて覚えることができます。発生した気体の確認方法や，どちらの電極からどちらの気体が発生するのかなどは，実験手順と合わせて整理しておくことが大切です。

3 教科書に載っているような元素記号や化学式，化学反応式は，読んで書けるようにしておきましょう。また，化学式や分子のモデルを見て，単体か化合物かなどがわかるようにしましょう。

4 化学反応式は，矢印の左右で原子の種類と数を同じにします。そのためには，左右で数が合っていない原子に注目して，1つずつ数を合わせていきます。

覚えておきたい知識

【化学変化と分解】
・化学変化…物質が変化して別の新しい物質ができる変化。
・炭酸水素ナトリウムの熱分解…炭酸ナトリウムと二酸化炭素と水の3種類に分解。
・酸化銀の熱分解…銀と酸素に分解。
・水の電気分解…陰極に水素，陽極に酸素が発生。体積比は水素：酸素＝2：1。

【原子と分子】
・化学式…物質を元素記号と数字を使って表したもの。
・単体…1種類の元素からできている物質。
・化合物…2種類以上の元素からできている物質。

【化学反応式】
・化学反応式のつくり方…化学変化の前後で，原子の種類と数を合わせる。

答え

1 (1) イ　　(2) （例）反応は続く。　　(3) B　　(4) 硫化鉄
　　(5)① 記号　A　　気体　硫化水素　　② Fe＋S→FeS

2 (1) ふえる　　(2) 酸素
　　(3) 酸化　　(4)① イ　　② エ

3 (1) 酸素　　(2) 物質ア　銅　　物質イ　二酸化炭素
　　(3) A　還元　　B　酸化　　(4) 2CuO＋C→2Cu＋CO₂

4 (1) 酸化　　(2) アンモニア
　　(3) 図1　上がる　　図2　下がる

解説

1

(1) 混合物の上部を加熱する。混合物の下部を加熱すると，全体の反応が進みにくくなるほか，高温により試験管が割れる可能性があり，危険である。

(2) 発生する熱で反応は続く。

(3) 試験管Bには鉄がふくまれている。

(4) 鉄と硫黄が結びついて硫化鉄ができる。

(5) 硫化鉄は塩酸と反応して，有毒な硫化水素が発生する。試験管Bでは，鉄が塩酸と反応して，水素が発生する。

2

(1) 加熱によってスチールウールと結びついた酸素の分だけ，質量はふえる。

(2) 鉄と酸素が結びついて酸化鉄ができる。

(3) 物質が酸素と結びつくことを酸化といい，できた物質を酸化物という。

(4) 加熱後の酸化鉄は鉄とは別の物質であり，電流は流れにくく，スチールウールのような弾力はない。

3

(1) 酸化銅は炭素によって酸素が奪われて銅になり，酸素は炭素と結びついて二酸化炭素になる。

(2)(3) 酸化物が酸素を奪われる化学変化を還元，物質が酸素と結びつく化学変化を酸化という。還元と酸化は同時に起こっている。

(4) 図2の物質名を化学式におきかえる。
　　CuO＋C→Cu＋CO₂
　　左右の原子の種類と数を合わせる。
　　2CuO＋C→2Cu＋CO₂

4

(1) 鉄と空気中の酸素が結びついて酸化鉄ができる反応で，発熱反応である。

(2) 水酸化バリウムと塩化アンモニウムが反応してアンモニアが発生する。吸熱反応である。

(3) 発熱反応では温度が上がり，吸熱反応では温度が下がる。

1 鉄と硫黄の混合物を加熱したとき，赤くなり始めたら加熱をやめるのは，いったん反応が始まると，発生した熱でその後も反応が進むからです。もし加熱を続けると，さらに熱や光を出して激しい反応が起こり，非常に危険です。

2 物が燃えるということは，物質が酸素と結びつくということなので，燃えた後の物質の質量は酸素の分だけふえています。木が燃えると灰になることなどから連想して，質量が減ると勘違いしないように気をつけましょう。

3 酸化銅が還元されて銅になるとき，炭素は酸素と結びついて二酸化炭素になります。このとき，炭素は酸化されたことになります。1つの物質で還元の反応が起こるときは，反応に関係するほかの物質で酸化の反応が同時に起こっています。

4 発熱反応は，石油や天然ガスを燃焼させて得られる熱を，火力発電所で電気に変えることに利用されています。日常生活においても，ガスコンロや化学かいろなどに利用されています。

📖 覚えておきたい知識

【酸化】
・酸化…物質が酸素と結びつく化学変化。
・酸化物…酸化によってできた物質。
・燃焼…熱や光を出す激しい酸化。有機物が燃焼すると，二酸化炭素と水ができる。

（酸化の例）
銅＋酸素→酸化銅　$2Cu+O_2 \rightarrow 2CuO$
炭素＋酸素→二酸化炭素　$C+O_2 \rightarrow CO_2$
水素＋酸素→水　$2H_2+O_2 \rightarrow 2H_2O$
マグネシウム＋酸素→酸化マグネシウム
　　　　　　　$2Mg+O_2 \rightarrow 2MgO$

【還元】
・還元…酸化物から酸素を奪う化学変化。酸化と還元は同時に起こる。

（還元の例）
酸化銅＋炭素→銅＋二酸化炭素
　　　　　$2CuO+C \rightarrow 2Cu+CO_2$
酸化銅＋水素→銅＋水
　　　　　$CuO+H_2 \rightarrow Cu+H_2O$

【化学変化と熱】
・発熱反応…熱を発生して周囲の温度が上がる反応。
・吸熱反応…熱を吸収して周囲の温度が下がる反応。

13 化学変化と原子・分子③

本冊 P28, 29

答え

1 (1) 硫酸バリウム　　(2) 変化しない
2 (1) 二酸化炭素　(2)① ア　　② ウ
　　(3) (例) 発生した気体が容器から空気中に出ていくから。
　　(4)① ウ　　② ア　　③ イ（②と③は順不同）
3 (1) (例) 銅粉が空気と十分にふれるようにするため。
　　(2) 酸化銅　　(3) 3回目　　(4) 0.3g
4 (1)① 0.4g　　② 4倍　　(2)① 3：5　　② 2.8g

解説

1

(1) うすい硫酸にうすい塩化バリウム水溶液を加えると、水にとけにくい硫酸バリウムの沈殿ができる。

(2) ビーカーの外に出ていく物質はないので、質量は変化しない。

2

(1) 炭酸水素ナトリウムとうすい塩酸が反応すると、塩化ナトリウムと二酸化炭素と水ができる。

(2)(3) ふたをあけると、発生した二酸化炭素が出ていくので、質量は減少する。

(4) 化学変化は、物質をつくる原子の組み合わせが変わるが、原子の種類と数は変わらないため、質量が変化しない。これを、質量保存の法則という。

3

(1) 銅粉をうすく広げると、酸素とふれる面積が大きくなり、銅粉がより酸素と結びつきやすくなる。

(3) 3回目以降の加熱では、加熱後の質量は変化しなくなっている。

(4) 銅粉1.2gの加熱後の質量は1.5gであるから、結びついた酸素の質量は、
　　1.5－1.2＝0.3[g]

4

(1)① グラフより、1.6gの銅粉を加熱すると酸化銅は2.0gできるので、結びついた酸素の質量は、
　　2.0－1.6＝0.4[g]

② グラフから、反応した銅と酸素の質量の関係をまとめると、次のようになる。

銅[g]	0.4	0.8	1.2	1.6	…
酸素[g]	0.1	0.2	0.3	0.4	…

(2)① マグネシウム1.5gから酸化マグネシウムが2.5gできるので、質量の比は、
　　1.5：2.5＝3：5

② ①より、マグネシウムと酸素が結びつくときの質量の比は3：2である。酸素の質量をxgとすると、
　　$3：2＝4.2：x$　　　$x＝2.8$

1 白い沈殿が新たにできたので，質量がふえたと考えないようにしましょう。沈殿は2つの水溶液を混ぜ合わせてできたもので，外から加わったものではありません。

2 反応で発生した気体は，容器が密閉されている限り外に出ていくことはないので，全体の質量は変化しません。しかし，容器のふたをあけると，気体は容器の外に出ていくので，その分全体の質量が減ります。この違いをおさえておきましょう。

3 銅粉の質量は限られているので，すべての銅粉が反応してしまうと，加熱を続けても反応する銅粉がなくなってしまいます。それ以降は，加熱後の質量は一定になります。

4 金属の酸化の問題では，反応する物質の質量をグラフから読みとる問題も多いです。読みとるときは，そのグラフが，反応前の金属と反応後の物質の関係を表しているのか，反応前の金属と結びついた酸素の関係を表しているのかを，見間違えないように注意しましょう。

📖 **覚えておきたい知識**

【質量保存の法則】

・質量保存の法則…化学変化の前後で，物質全体の質量は変わらない。化学変化は，原子の結びつきが変わる変化で，物質をつくる原子の種類と数は変化しない。

【反応する物質の質量の割合】

・金属が酸化するとき，①金属の質量と酸化物の質量は比例し，②金属の質量と結びついた酸素の質量は比例する。

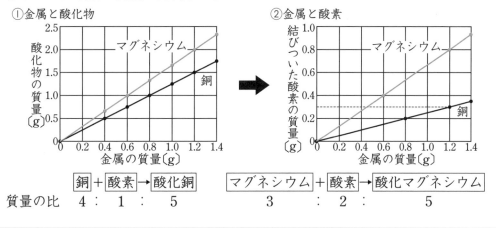

銅	＋	酸素	→	酸化銅		マグネシウム	＋	酸素	→	酸化マグネシウム
質量の比 4	：	1	：	5		3	：	2	：	5

答え

1 (1) （例）水溶液が混ざらないようにするため。　　(2) ア，ウ，エ，キ
(3) 電解質　　(4) （例）大量の水で洗い流す。

2 (1) A，C　　(2)① 赤　　② 金属光沢　　③ 銅
(3) 塩素　　(4) D　　(5) $2HCl \rightarrow H_2 + Cl_2$

3 (1)A 陽子　　B 電子　　(2)A ＋　　B －　　(3) 等しい

4 (1) 陽イオン
(2)① ナトリウムイオン　　② 亜鉛イオン
③ 塩化物イオン　　④ 硫酸イオン
(3)① Ba^{2+}　　② OH^-

5 (1) $HCl \rightarrow H^+ + Cl^-$　　(2) $CuCl_2 \rightarrow Cu^{2+} + 2Cl^-$
(3) $CuSO_4 \rightarrow Cu^{2+} + SO_4^{2-}$

解説

1

(1) 電極を洗わないで次の水溶液に入れると，前の水溶液が電極に残っているため，正しい結果が得られない。

(2) 果物の汁は電解質である。

(4) 水溶液には皮膚を傷めるものもある。皮膚や衣服についたら，すぐに大量の水で洗い流す必要がある。

2

(1) 電源の－極とつながっている電極Aと電極Cが陰極である。

(2)(3) 塩化銅水溶液を電気分解すると，陽極から塩素が発生し，陰極に銅が付着する。銅は赤色の金属で，金属光沢がある。

(4) 塩酸を電気分解すると，陽極から塩素，陰極から水素が発生する。塩素は水にとけやすく，発生した塩素はすぐに水にとけてしまい，電極にたまる量は少ない。

3

(1)(2) Aは＋の電気をもつ陽子で，電気をもたない中性子とともに原子核を構成する。原子核のまわりにあるBは－の電気をもつ電子である。

(3) 陽子1個がもつ＋の電気の量と，電子1個がもつ－の電気の量が等しく，陽子の数と電子の数は通常等しい。

4

(1) 原子が2個の電子を失っている分，原子は＋の電気を帯びているので，陽イオンである。

5

電離を表す式では，矢印の右側の＋の電気の数と－の電気の数を等しくする。

(2) 銅イオンはCu^{2+}なので，塩化物イオン（Cl^-）は2個必要である。

1 ここでは，電流が流れるかどうかを調べるだけですが，電解質は水にとけて陽イオンと陰イオンに分かれるので，電極を電解質の水溶液に入れると電気分解が起こります。代表的な電気分解の反応を復習しておきましょう。

2 塩酸の電気分解では，両極で発生する気体の量は同じですが，陽極で発生する塩素が水にとけやすいために，電極に集まる気体は陽極のほうが極端に少なくなります。

3 現在知られている元素は約 120 種類ですが，それらの違いは原子核の中にある陽子の数です。周期表は，元素を陽子の数（原子番号という）の順に並べたものです。

4 ナトリウムやマグネシウムなどの金属の原子は電子を失って陽イオンになり，塩素などの非金属の原子は電子を受けとって陰イオンになります。

5 電離を表す式を正しくつくるには，まずはそれぞれのイオンの価数（右上に書く数字）をしっかりと覚えることが重要です。次に，それらを式にしたときに，矢印の右側の＋と－の数が合うようにしましょう。

覚えておきたい知識

【電解質と非電解質】
・電解質…水にとかしたとき電流が流れる物質。
・非電解質…水にとかしたとき電流が流れない物質。

【電解質の電気分解の例】
・塩酸…陽極から塩素が発生，陰極から水素が発生。
・塩化銅水溶液…陽極から塩素が発生，陰極に銅が付着。

【原子とイオン】
・原子の構造…＋の電気をもつ原子核と－の電気をもつ電子からできている。原子核は，＋の電気をもつ陽子と，電気をもたない中性子からできている。
・陽イオン…原子が電子を失ってできる。
・陰イオン…原子が電子を受けとってできる。
・電離…電解質が水にとけて，陽イオンと陰イオンに分かれること。

（電離の例）

$$Na \rightarrow Na^+ + e^-$$
ナトリウム　　ナトリウム　　　　電子
原子　　　　　イオン

$$Cl + e^- \rightarrow Cl^-$$
塩素原子　　　電子　　塩化物イオン

答え

1 (1) 亜鉛　(2) 銅
　(3)① イオン (陽イオン)　② 電子　③ 減る　(4) マグネシウム

2 (1) 鳴らない　(2) (例) 水溶液の青色がうすくなる。

3 (1)A エ　B ア　(2)亜鉛板 ア　銅板 ウ
　(3) イ

4 (1)① イ, ウ　② (例) 充電してくり返し使える電池。
　(2) 燃料電池

解説

1

(1) 亜鉛イオンがある水溶液中にマグネシウム板を入れると, マグネシウムがイオンになってとけ出し, 亜鉛イオンは亜鉛原子になってマグネシウム板に付着する。

(2) 銅イオンがある水溶液中にマグネシウム板を入れると, マグネシウムがイオンになってとけ出し, 銅イオンは銅原子になってマグネシウム板に付着する。

(3) イオンになりやすいほうが電子を放出してイオンになり, イオンになりにくいほうが電子を受けとって原子になる。

(4) イオンへのなりやすさは,
マグネシウム＞亜鉛＞銅である。

2

(1) 電子オルゴールは, ＋極と－極を正しくつないだときだけ音が鳴る。

(2) 銅イオンは銅原子に変わって減っていくので, 水溶液の青色がうすくなっていく。

3

(1) Aは亜鉛原子がイオンになってとけ出し, Bは銅イオンが原子になって銅板に付着するようすである。このとき, Aでは電子を放出し, Bでは電子を受けとっている。

(2) 亜鉛は銅よりイオンになりやすいので, 亜鉛原子が2個の電子を放出して亜鉛イオンになり, 硫酸亜鉛水溶液中にとけ出す。また, 硫酸銅水溶液中の銅イオンが, 導線中を移動してきた電子を2個受けとり, 銅原子となって付着する。

(3) イオンになりやすいほうの金属板が－極, なりにくいほうが＋極である。

4

(1)② 二次電池の例として, 自動車のバッテリーに使われる鉛蓄電池がある。

(2) 燃料電池は, 水の電気分解と逆の化学変化を利用して, 水素がもっている化学エネルギーを電気エネルギーとして取り出す装置である。

1 3種類の金属板と3種類の水溶液中の金属イオン（陽イオン）を比べて，水溶液ごとにどちらの金属がイオンになりやすいかを調べます。また，マイクロプレートは，小さな器具と少量の薬品を使って実験を行うことができるため，薬品の量や廃棄物の量を少なくして環境への影響を小さくすることができます。

2 ダニエル電池の問題では，金属板の変化だけでなく，水溶液の変化についても問われる場合が多いです。それぞれの金属板と水溶液で起こっている反応を関連付けて覚えるようにしましょう。

3 電子は水溶液中を直接移動するのではなく，電極の金属板と水溶液の間でやりとりされて，導線の中を移動します。－極の亜鉛板では，電子が亜鉛板から放出されて亜鉛原子がイオンになってとけ出し，＋極の銅板では，銅イオンが電子を受けとって銅原子となって銅板に付着します。

4 一次電池，二次電池，燃料電池とは何かを，それぞれ簡単に言葉で説明できるようになりましょう。また，燃料電池は，排出される物質は水だけであることから，環境への影響が少ない電池として注目されています。

覚えておきたい知識

【金属のイオンへのなりやすさ】

Mg > Zn > Fe > Cu > Ag

大 ◀━━ イオンへのなりやすさ ━━▶ 小

【ダニエル電池】

・－極（亜鉛板）…亜鉛原子が電子を失い，亜鉛イオンになって硫酸亜鉛水溶液中にとけ出す。電子は導線を通って銅板に移動し，電流が流れる。

・＋極（銅板）…硫酸銅水溶液中の銅イオンが電子を受けとって原子になり，銅板に付着する。

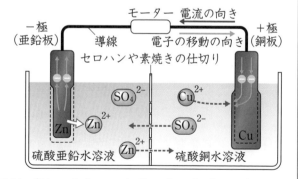

・電極に2種類の金属板を使った電池では，イオンになりやすい金属が－極になる。

16 化学変化とイオン③

答え

1 (1) C, F　(2) B, D　(3) 青色
(4) A, E　(5) E

2 (1)X H⁺　Y OH⁻　(2)X 酸　Y アルカリ
(3) イ, ウ

3 (1) HCl→H⁺+Cl⁻　(2)陽極 Cl⁻　陰極 H⁺
(3) A　(4) D

4 (1) 水素　(2) (例) 泡の出方はしだいに弱くなり, 止まった。
(3) 中和　(4) 中性　(5) 7

解説

1
(1) 青色リトマス紙を赤色に変える水溶液は, 酸性である。
(2) フェノールフタレイン溶液を赤色に変える水溶液は, アルカリ性である。
(3) アルカリ性の水溶液は, 緑色のBTB溶液を青色に変える。
(4) 中性の水溶液は, 緑色のBTB溶液の色を変化させない。
(5) 砂糖水は非電解質の水溶液で, 電流は流れない。

2
(1) 酸性の水溶液に共通するイオンは, 水素イオンH⁺である。アルカリ性の水溶液に共通するイオンは, 水酸化物イオンOH⁻である。
(2) 水溶液にしたとき, 水素イオンH⁺を生じる物質を酸, 水酸化物イオンOH⁻を生じる物質をアルカリという。
(3) イとウは酸性の水溶液の性質, エはアルカリ性と中性の水溶液の性質, アとオはアルカリ性の水溶液の性質である。

3
(2) 電圧を加えると, 陽極へは陰イオンが, 陰極へは陽イオンが引き寄せられる。
(3) 電圧を加えると, 陰極側の青色リトマス紙がH⁺に反応して赤色に変わる。
(4) 電圧を加えると, OH⁻が陽極側に引き寄せられ, 赤色リトマス紙がOH⁻に反応して青色に変わる。

4
(1) マグネシウムが電子を放出してイオンとなってとけ出す。塩酸中の水素イオンが電子を受けとり, 水素となって発生する。
(2) 水溶液の色が緑色になったとき, 泡の発生が止まる。
(3)(4) 水溶液が中性になる (緑色になる) まで中和は起こる。
(5) pHの値は, 7が中性。7より大きいほどアルカリ性が強く, 7より小さいほど酸性が強い。

1 リトマス紙の色の変化は小学校でも学習しますが，中学校ではBTB溶液やフェノールフタレイン溶液といった指示薬の反応についても学習します。これらは色の変化を間違えやすいので，表などにまとめて覚えるようにしましょう。

2 ①は硝酸，②は硫酸，③は水酸化ナトリウム水溶液，④は水酸化バリウム水溶液の電離を表す式です。酸性を示す水溶液には水素イオンが，アルカリ性を示す水溶液には水酸化物イオンがふくまれていることを確認しておきましょう。

3 イオンは電気を帯びているので，電極に引き寄せられて移動します。陰極に引かれるのは＋の電気を帯びた陽イオン，陽極に引かれるのは－の電気を帯びた陰イオンです。

4 中和は，酸性の水溶液とアルカリ性の水溶液を混ぜ合わせることにより，互いの性質を打ち消し合う反応です。中性になった瞬間だけ中和が起こるのではなく，2つの水溶液を混ぜ合わせた瞬間から反応は起こっていることに注意しましょう。

覚えておきたい知識

【酸とアルカリ】

・酸性，中性，アルカリ性の水溶液

	酸性	中性	アルカリ性
赤色リトマス紙	変化しない。	変化しない。	青色になる。
青色リトマス紙	赤色になる。	変化しない。	変化しない。
緑色のBTB溶液	黄色になる。	緑色のまま。	青色になる。
マグネシウムを入れたとき	水素が発生。	変化しない。	変化しない。

・酸…電離して水素イオンH^+を生じる物質。酸性の正体はH^+である。
・アルカリ…電離して水酸化物イオンOH^-を生じる物質。アルカリ性の正体はOH^-である。

【中和と塩】

・中和…H^+とOH^-が結びついて水をつくり，互いの性質を打ち消し合う反応。
・塩…酸の陰イオンとアルカリの陽イオンが結びついてできた物質。

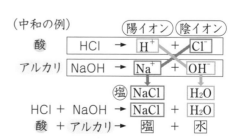

答え

1 (1)入射角　b　　屈折角　f　　(2)　ウ　　(3)　全反射
　　(4)　X　　(5)　光ファイバー
2 (1)　D
　　(2)①a　イ　　b　ア　　②a　ア　　b　ア　　③　虚像
3 (1)　336m/s　　(2)①　918m　　②　612m
4 (1)　振幅　　(2)　振動数
　　(3)①　AとD　　②　B　　③　C

解説

1

(1)　水面に垂直な直線と入射光の間の角
　　が入射角，反射光の間の角が反射角，
　　屈折光の間の角が屈折角である。
(2)　光が空気中から水中に進むときは，
　　入射角が屈折角より大きい。
(3)(4)　光が水中から空気中に進むとき，
　　入射角がある角度より大きくなると，
　　空気中に出ていく光がなくなり，すべ
　　て反射する。この現象を全反射という。
(5)　光ファイバーは，光が2種類のガラ
　　スの境界面で全反射をくり返して遠く
　　まで伝わる。

2

(1)　⑦の光は光軸に平行な光なので，凸
　　レンズで屈折した後，焦点を通る。点
　　Bが焦点だから，凸レンズの中心から
　　同じ距離の点Dがもう1つの焦点であ
　　る。
(2)　物体が焦点に近づくと実像は大きく
　　なり，焦点から離れた位置にできる。
　　虚像は物体と同じ向きで，物体より大
　　きい。

3

(1)　音は人と校舎の間を往復するので，
　　音が伝わった距離は，84×2＝168[m]
　　このときかかった時間は0.50秒だから，
　　音の速さは，$\dfrac{168[\text{m}]}{0.50[\text{s}]}=336[\text{m/s}]$
(2)①　音が伝わった距離は「音の速さ×
　　音が伝わるのにかかった時間」だか
　　ら，
　　　340[m/s]×2.7[s]＝918[m]
　②　花火の位置から花子さんの位置ま
　　での距離は，
　　　340[m/s]×4.5[s]＝1530[m]
　　太郎さんと花子さんの間の距離は，
　　　1530－918＝612[m]

4

(1)　波の高さは，音源の振幅を表し，振
　　幅が大きいほど音が大きい。
(2)　一定時間の波の数は，音源の振動数
　　を表し，波が多いほど音が高い。
(3)①　波の高さが同じものを選ぶ。
　②　波の数が最も多いものを選ぶ。
　③　波の高さが最も小さいものを選ぶ。

1 入射角，反射角，屈折角の位置は，光線と物質の境界面の間の角と間違えやすいです。光が反射する面に対して垂直に引いた直線と光線の間の角度であることに注意しましょう。

2 凸レンズによってできる像は，物体を焦点距離の2倍の位置に置いたときを基準にして覚えるとよいでしょう。このときの実像は物体と同じ大きさで，焦点距離の2倍の位置にできます。

3 花火や雷の光は瞬間的に伝わりますが，花火や雷の音は伝わるのに時間がかかります。光の速さは約30万km毎秒，音の速さは約340m毎秒であり，音の速さは光の速さと比べてはるかに遅いです。

4 音源の振幅が大きいほど音が大きく，音源の振動数が多いほど音は高くなります。波の形から音の特徴を読みとれるようにしておきましょう。

📖 覚えておきたい知識

【光の反射と屈折】

・入射角＝反射角
　入射角＞屈折角（空気→水）
　入射角＜屈折角（水→空気）

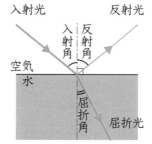

【物体の位置と実像，虚像】

物体の位置	実像の位置	像の大きさ
焦点距離の2倍より外側	焦点距離の2倍と焦点の間	物体より小さい
焦点距離の2倍	焦点距離の2倍	物体と同じ
焦点距離の2倍と焦点の間	焦点距離の2倍より外側	物体より大きい
焦点より内側	実像はできず，虚像ができる	物体より大きい

【音】

・音の速さ…約340m毎秒。　　音の速さ$[\text{m/s}] = \dfrac{\text{音が伝わった距離}[\text{m}]}{\text{かかった時間}[\text{s}]}$

・振幅…音源の振動の振れ幅。大きいほど音が大きい。

・振動数…音源が1秒間に振動する回数。多いほど音が高い。
　単位はヘルツ（Hz）。

18 力

答え

1 (1) A 弾性（の）力　　B 重力　　(2) 右図
(3) 比例の関係　　(4) 13cm

グラフ（右図）:
縦軸 ばねののび(cm) 0〜10、横軸 おもりの重さ(N) 0〜1.0、原点から右上がりの直線

2 (1)

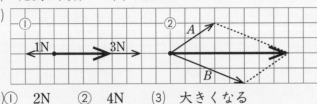

(2)① 2N　② 4N　　(3) 大きくなる　　(2) 3N

3 (1)(3)

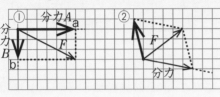

(2) 3N

4 (1) エ　　(2) 0.3N　　(3)① 大きくなる　　② 変わらない

解説

1

(1) Aは，もとの形にもどろうとするばねが物体を引く弾性力，Bは，地球が物体を引く重力である。

(2) ばねののびは下の表のようになる。

おもりの重さ〔N〕	0	0.2	0.4	0.6	0.8	1.0
ばねののび〔cm〕	0	2	4	6	8	10

(4) おもりの重さが0.2Nふえると，ばねの長さが2cm長くなるから，
$0.2[N]:2[cm]=1.3[N]:x[cm]$
$x=13$

2

(1)① 反対向きの2力だから，大きさは2力の差で，大きいほうの力の向きになる。

② 合力は力A，Bを2辺とする平行四辺形の対角線である。

(2)② 8目盛り分の長さになるから，
$0.5×8=4[N]$

(3) 2力の間の角度を大きくするとき，合力を一定に保つには，2力の大きさを大きくする必要がある。

3

(1)(2) 分解する力Fは長方形の対角線なので，分力は長方形の2辺になる。

(3) 残りの分力は，力Fと分力の先端を結ぶ直線に平行になる。

4

(1) 水面から深くなるほど，水圧は大きくなる。

(2) $1.6-1.3=0.3[N]$

(3)① 浮力は，物体が水中にある部分の体積が大きいほど大きくなる。

② 物体はすべて水中にあるので，浮力は物体の深さによって変化しない。

1 おもりの重さに比例するのは，ばねの長さではなく，ばねののびです。おもりの重さが0Nのときのばねの長さが，ばねの自然の長さになります。

2 合力の大きさを変えずに2力の間の角度を大きくするときは，2力の大きさを大きくします。2力の大きさを変えずに2力の間の角度を大きくすると，合力は小さくなります。2力の矢印をとなり合う2辺とする平行四辺形の対角線を考えましょう。

3 1つの力を分解するとき，分解する方向によって分力は何通りも考えられます。そのため，あらかじめ，分解する方向か，1つの分力の大きさと向きを決めておきましょう。なお，3力のつり合いでは，2力の合力が残りの力とつり合います。

4 浮力の大きさは，物体の水中部分の体積が大きいほど大きくなります。物体の質量には関係しないことに注意しましょう。また，物体全体が水中にあるときに物体にはたらく浮力の大きさは，水の深さには関係しないことも合わせて覚えておきましょう。

覚えておきたい知識

【フックの法則】
・フックの法則…ばねののびは，ばねを引く力の大きさに比例する。

【力の合成と分解】

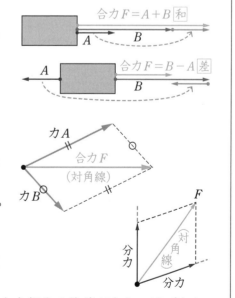

・力の合成…2つの力と同じはたらきをする1つの力を求めること。
・合力…力の合成によってできた力。
・力の分解…1つの力を，これと同じはたらきをする複数の力に分けること。
・分力…力の分解によってできた力。
・力の平行四辺形の法則…角度をもってはたらく2力の合力は，その2力を表す矢印を2辺とする平行四辺形の対角線で表される。

【水中の物体にはたらく力】
・水圧…水にはたらく重力によって生じる圧力。
・浮力…水中の物体にはたらく上向きの力。水中部分の体積が大きいほど大きい。

答え

1 (1) 0.1秒間

(2) 40cm/s

(3) ア，エ

2 (1) 50cm/s (2) 200cm (3)

(4) 等速直線運動

3 (1)

(2) 斜面に平行な方向の分力 (3) ウ (4) ウ

4 (1)A 左 B 右 (2) 反作用 (3)

解説

1

(1) 1打点分の時間は $\frac{1}{50}$ 秒だから，5打点分の時間は，$\frac{1}{50} \times 5 = 0.1[\text{s}]$

(2) $\frac{4.0[\text{cm}]}{0.1[\text{s}]} = 40[\text{cm/s}]$

2

(1) Aのテープの長さは5cmだから，このときの平均の速さは，

$\frac{5[\text{cm}]}{0.1[\text{s}]} = 50[\text{cm/s}]$

(2) 台車の速さが50cm/sなので，4秒間に移動する距離は，

$50[\text{cm/s}] \times 4[\text{s}] = 200[\text{cm}]$

(3) 台車の速さは50cm/sで変化がないので，横軸に平行なグラフになる。

(4) この台車の運動のように，一直線上を一定の速さで進む運動を，等速直線運動という。

3

(1) 台車にはたらく重力の矢印が平行四辺形（ここでは長方形）の対角線になるように作図する。

(2) 斜面を下る台車には，台車にはたらく重力の斜面に平行な方向の分力がはたらき続ける。

(3) 台車にはたらく重力の斜面に平行な方向の分力の大きさは，斜面の傾きが変わらない限り一定である。

(4) 台車には，斜面に平行な方向の分力が一定の大きさではたらき続けるため，速さは一定の割合で大きくなる。

4

(1) AさんがBさんを押すと，同じ大きさの力でAさんはBさんに押し返される。

(2)(3) 作用・反作用の2力は，異なる2つの物体に同時にはたらき，大きさが等しく，一直線上にあり，向きが反対である。

1 記録タイマーは一定の時間間隔で打点するので，打点間隔が広ければテープは速く動いたことになり，打点間隔が狭ければテープはゆっくり動いたことになります。1打点分の時間が何秒を表すのかを考えることがポイントです。

2 物体の運動の向きに力がはたらいていない場合，物体は等速直線運動をすることをおさえておきましょう。また，時間と速さの関係，時間と移動距離の関係をグラフに表したり，グラフから読みとったりできるようになると，なおよいでしょう。

3 斜面上の物体には，物体にはたらく重力の斜面に平行な方向の分力がはたらいています。この分力の大きさは，斜面の傾きが変わらない限り，物体の位置などによって変化せず，斜面のどこでも一定です。

4 作用・反作用の関係にある2力は，互いに相手の物体に対してはたらきます。1つの物体にはたらくつり合った2力ではないことに注意しましょう。

覚えておきたい知識

【物体の運動】

・速さ $[\text{m/s}] = \dfrac{\text{移動距離}[\text{m}]}{\text{移動にかかった時間}[\text{s}]}$

【力と運動】

・等速直線運動…一定の速さで一直線上を進む運動。

・斜面を下る運動…重力の斜面に平行な方向の分力がはたらき続け，速さが増加する。斜面の傾きが大きくなるほど，速さの変化の割合が大きくなる。

・自由落下…物体が静止した状態から真下に落下する運動。物体に重力がはたらき続ける。

・慣性…物体がその運動の状態を続けようとする性質。

・慣性の法則…静止している物体は静止を続ける。運動している物体は等速直線運動を続ける。

・作用・反作用の法則…作用・反作用の2力は，それぞれ異なる物体に同時にはたらき，向きは反対で，一直線上にあり，大きさは等しい。

斜面を下る運動　　　自由落下

斜面に平行な分力

重力　　　　　重力

答え

1 (1) 60N　(2) 120J　(3) 4m　(4) 8m
　　(5) 30W　(6) A→C→B

2 (1) A, E　(2) C　(3) 3倍　(4)① ア　② エ　③ ウ

3 A イ　B カ　C ア　D キ

解説

1

(1) 6kg＝6000g
　質量100gの物体にはたらく重力の大きさが1Nだから, 質量6000gの重さは60N。

(2) ひもを引く力は60N, ひもを引く距離は2mだから, 仕事の大きさは,
　60[N]×2[m]＝120[J]

(3) 動滑車を1個使っているので, ひもを引く力は半分の30Nになるが, ひもを引く距離は2倍の4mになる。

(4) 仕事の原理より, Cさんが物体にした仕事の大きさも120Jである。ひもを引く力は, $30 \times \frac{1}{2} = 15[N]$
　よって, Cさんがひもを引く距離は,
　120[J]÷15[N]＝8[m]

(5) Aさんが物体を引き上げるのにかかった時間は4秒だから, 仕事率は,
　$\frac{120[J]}{4[s]} = 30[W]$

(6) 仕事の原理より, 物体にした仕事は3人とも等しいから, 仕事率はかかった時間が短いほど大きくなる。

2

(1) 振り子のおもりの位置エネルギーは, おもりが両端にきたときに最大となり, 点Oの真下を通過するとき0になる。

(2) 振り子のおもりの運動エネルギーは, おもりが両端にきたとき0になり, 点Oの真下を通過するときに最大となる。

(3) 点Bでのおもりの高さは, 点Aでのおもりの高さの$\frac{1}{3}$だから, 点Aでの位置エネルギーの大きさは点Bでの位置エネルギーの3倍である。

(4) 位置エネルギーと運動エネルギーは互いに移り変わる。位置エネルギーと運動エネルギーの和を力学的エネルギーといい, 摩擦力や空気の抵抗がなければ, その和は常に一定である。

3

A 発電機は, 物体を動かすことで電流を発生させる。

B モーターは, 電流を流すことで回転する。

C 光電池（太陽電池）は, 光が当たることで電流が発生する。

D 電球は, 電流が流れることで光る。

1 ここで使っている仕事は，日常生活で使っている仕事とは意味合いが異なります。理科では，「仕事＝力×距離」なので，力または距離が0ならば，仕事をしたことにはなりません。いくら力を加えても，物体が動かなかったら，した仕事は0となります。

2 振り子の問題や，物体が斜面を下る運動の問題では，運動エネルギーと位置エネルギーの和，すなわち力学的エネルギーの和が一定であることがよく問われます。エネルギーというキーワードが出てきたら，力学的エネルギーの保存を意識するとよいでしょう。

3 近年の日常生活では，電気エネルギーの利用がふえています。これは，電気エネルギーが扱いやすいエネルギーだからです。何のエネルギーを何に変えているのか，普段使っている身の回りのもので考えてみましょう。

覚えておきたい知識

【仕事と仕事率】

・仕事…力の向きに物体を動かしたとき，力は物体に対して仕事をしたという。

$$仕事[J]＝物体に加えた力の大きさ[N]×力の向きに動いた距離[m]$$

・仕事の原理…道具を使っても使わなくても，仕事の大きさは変わらない。

・仕事率…1秒間あたりにする仕事の大きさ。　　$仕事率[W]＝\dfrac{仕事[J]}{かかった時間[s]}$

【エネルギー】

・エネルギー…ある物体がほかの物体に仕事をする能力。

・位置エネルギー…高いところにある物体がもつエネルギー。

・運動エネルギー…運動している物体がもつエネルギー。

・力学的エネルギー…位置エネルギーと運動エネルギーの和。

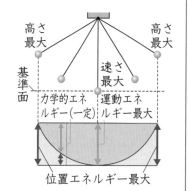

・力学的エネルギーの保存…摩擦力や空気の抵抗がなければ，力学的エネルギーは一定に保たれる。

・エネルギー変換効率…消費したエネルギーに対する，利用できるエネルギーの割合。

21 電流とその利用①

本冊 P44, 45

答え

1 (1) イ　(2) a ─┤├─　b ⊗

　(3) 点灯しない

2 (1)① 電圧計　② 電流計　③ 直列　④ 並列

　(2) 0.260A　(3) 0.60V

3 (1)点ア 0.2A　点エ 0.2A

　(2) 3.0V　(3) 右図1

4 (1)点イ 1.0A　点オ 1.5A

　(2) 3.0V　(3) 右図2

図1　　　　　図2

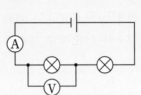 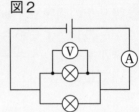

解説

1

(1) 電流は、電源の＋極から出て－極に入る向きと決められている。

(3) 発光ダイオードは豆電球とは異なり、決まった向きにだけ電流が流れる。

2

(1) 豆電球に流れる電流と加わる電圧の大きさをはかるので、電流計は豆電球に対して直列に、電圧計は並列につなぐ。

(2) 使用した－端子は500mA。最小目盛りの$\frac{1}{10}$まで読み、針の読みは260mA、すなわち0.260Aである。

(3) 使用した－端子は3V。最小目盛りの$\frac{1}{10}$まで読み、針の読みは0.60Vである。

3

(1) 直列回路では、流れる電流の大きさはどこも同じなので、点ア、点エのどちらも0.2Aの電流が流れる。

(2) 直列回路では、電圧は2個の豆電球に分かれて加わり、イウ間に加わる電圧の大きさは2個の豆電球に加わる電圧の大きさの和になる。よって、

　1.2＋1.8＝3.0[V]

(3) 電流計は電流をはかりたいところ（点エ）に直列に、電圧計は電圧をはかりたいところ（豆電球P）に並列につなぐ。

4

(1) 点イを流れる電流の大きさと点エを流れる電流の大きさの和が、点ア、点オを流れる電流の大きさと等しい。点イを流れる電流の大きさは、

　1.5－0.5＝1.0[A]

(2) 並列回路では、それぞれの豆電球に同じ大きさの電圧が加わる。イウ間に加わる電圧の大きさは、電源の電圧の大きさと同じ3.0Vである。

(3) 電流計は電流をはかりたいところ（点ア）に直列に、電圧計は電圧をはかりたいところ（豆電球P）に並列につなぐ。

1 電源（乾電池），電球，スイッチ，電流計，電圧計，抵抗の電気用図記号は，回路図をかくときに必要なので覚えておきましょう。また，発光ダイオードはつなぎ方を逆にすると点灯しなくなることに注意しましょう。

2 電流計や電圧計は，つないだ−端子によって目盛りの単位や値が異なります。また，目盛りを読むときは，最小目盛りの $\frac{1}{10}$ まで目分量で読みます。

3 直列回路の電流と電圧について確認しましょう。直列回路では，電流の大きさはどの点も同じになり，それぞれの豆電球に加わる電圧の大きさの和が，電源の電圧の大きさと同じになります。

4 並列回路の電流と電圧について確認しましょう。並列回路では，それぞれの豆電球に加わる電圧の大きさが，電源の電圧の大きさと同じになります。また，枝分かれした電流の大きさの和は，分かれる前と同じになります。

覚えておきたい知識

【回路と電流・電圧】

・電流…電気の流れ。単位はアンペア（A）。1A＝1000mA

・電圧…回路に電流を流そうとするはたらき。単位はボルト（V）。

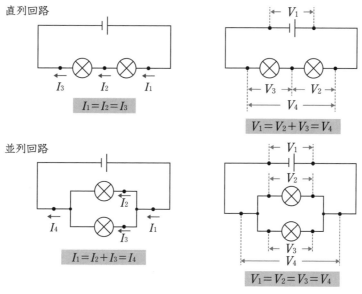

※ I_1〜I_4 は電流の大きさ，V_1〜V_4 は電圧の大きさを表す。

答え

1 (1) 比例の関係 (2) b (3)電熱線a 20Ω 電熱線b 40Ω
(4) 20V (5) 0.3A

2 (1)① 0.5A ② 2V ③ 8V ④ 16Ω
(2)① 6V ②点b 1.5A 点c 2A
③ 3Ω

3 (1) 6.0W (2) 右図 (3) 比例の関係
(4) 1800J

4 (1) 19200J (2) 1200Wh, 1.2kWh

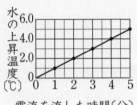

電流を流した時間〔分〕

解説

1

(3) 電熱線aに4Vの電圧が加わったとき，0.2Aの電流が流れるから，抵抗の大きさは，$\dfrac{4[\text{V}]}{0.2[\text{A}]}=20[\Omega]$

電熱線bに4Vの電圧が加わったとき，0.1Aの電流が流れるから，抵抗の大きさは，$\dfrac{4[\text{V}]}{0.1[\text{A}]}=40[\Omega]$

(4) $20[\Omega]\times1.0[\text{A}]=20[\text{V}]$

(5) $\dfrac{12[\text{V}]}{40[\Omega]}=0.3[\text{A}]$

2

(1)① 12Ωの電熱線Qに流れる電流は，
$\dfrac{6[\text{V}]}{12[\Omega]}=0.5[\text{A}]$

よって，点aを流れる電流も0.5Aである。
② $4[\Omega]\times0.5[\text{A}]=2[\text{V}]$
③ $2+6=8[\text{V}]$
④ $4+12=16[\Omega]$

(2)① 電熱線Qを流れる電流は0.5Aだから，加わる電圧は，
$12[\Omega]\times0.5[\text{A}]=6[\text{V}]$
よって，電源の電圧も6Vである。
② 点bを流れる電流は，
$\dfrac{6[\text{V}]}{4[\Omega]}=1.5[\text{A}]$

点cを流れる電流は，
$1.5+0.5=2[\text{A}]$
③ 加わる電圧が6V，流れる電流は2Aであるから，抵抗の大きさは，
$\dfrac{6[\text{V}]}{2[\text{A}]}=3[\Omega]$

3

(1) $6.0[\text{V}]\times1.0[\text{A}]=6.0[\text{W}]$
(4) $6.0[\text{W}]\times(5\times60)[\text{s}]=1800[\text{J}]$

4

(1) $80[\text{W}]\times(4\times60)[\text{s}]=19200[\text{J}]$
(2) $600[\text{W}]\times2[\text{h}]=1200[\text{Wh}]$
$1200\text{Wh}=1.2\text{kWh}$

1 オームの法則には 3 つの式がありますが，すべてを丸暗記する必要はありません。例えば，「電圧[V]＝抵抗[Ω]×電流[A]」を覚えておいて，この式の両辺を抵抗でわれば電流の式，電流でわれば抵抗の式をつくることができます。

2 電流，電圧，抵抗の大きさを求める問題では，直列回路と並列回路の性質から，どの部分の電流や電圧が同じになるかを考えることがポイントです。直列回路と並列回路の特徴をそれぞれ整理しておきましょう。

3 この実験では，電力や熱量の計算だけでなく，発泡ポリスチレンのコップや板を使う理由や，くみ置きの水を使う理由などが問われることもあります。いずれも，まわりの空気による水温の変化を防ぐためであることを，合わせて頭に入れておきましょう。

4 電力と電力量を間違えないようにしましょう。電力は 1 秒間あたりの電気エネルギーの消費量で「電圧[V]×電流[A]」，電力量は消費した電気エネルギーの総量で，「電力[W]×時間[s]」で求めます。

覚えておきたい知識

【オームの法則】
・電気抵抗（抵抗）…電流の流れにくさ。単位はオーム（Ω）。
・オームの法則…電熱線や抵抗器に流れる電流の大きさは，加わる電圧の大きさに比例する。

$$電圧\,V[V]＝抵抗\,R[Ω]×電流\,I[A]$$

$$抵抗\,R[Ω]＝\frac{電圧\,V[V]}{電流\,I[A]} \qquad 電流\,I[A]＝\frac{電圧\,V[V]}{抵抗\,R[Ω]}$$

・回路全体の抵抗…直列回路は，各抵抗の和になる。 $\qquad R＝R_1＋R_2$

　　　　　　　　並列回路は，各抵抗より小さくなる。 $\qquad \dfrac{1}{R}＝\dfrac{1}{R_1}＋\dfrac{1}{R_2}$

【電力と電力量】
・電力…1 秒間あたりに消費する電気エネルギーの大きさ。単位はワット（W）。
　　　電力[W]＝電圧[V]×電流[A]
・電力量…消費した電気エネルギーの総量。単位はジュール（J），またはワット時（Wh）やキロワット時（kWh）。1Wh＝1W×1h＝1W×(60×60)s＝3600J
　　　電力量[J]＝電力[W]×時間[s] 　　　熱量[J]＝電力[W]×時間[s]

答え

1 (1) 電子　(2) イ　(3) B→A
2 (1) 電子線（陰極線）　(2) 電極Q　(3) 電極R　(4) イ
3 (1) ウ　(2) エ　(3)（例）電流を大きくする。
4 (1)（例）電流の向きを逆にする。／磁界の向きを逆にする。
　　(2) 大きくなる　(3) ア

解説

1

(1) 粒子Pは－の電気をもつ電子で，電流を流す前の導線（金属）の中では，自由に動き回っている。

(2) 電圧を加えると，－の電気をもつ電子が＋極に引き寄せられて移動することで，電流が流れる。

(3) 電流の向きは＋極から－極へ向かう向きで，電流が流れているときの電子の移動の向きとは逆である。

2

(1) 図1の電極Pから電極Qへ向かって移動している粒子は，電子である。

(2) クルックス管に電圧を加えると，電子が－極から出て＋極に向かって移動する。図1では，電極Pから直進してきた電子が金属板でさえぎられて影ができており，電極Qが＋極，電極Pが－極である。

(3) クルックス管内の電子線は－の電気をもった電子の流れなので，＋極に引き寄せられる。図2では，電子線が下に傾いているので，電極Sが＋極，電極Rが－極である。

(4) 医療現場で使われているレントゲン検査は，放射線の透過性を利用して体内のようすを検査することができる。

3

(1) コイルの中の磁界の向きは，右手の親指以外の4本の指を電流の向きに合わせたときの，のばした親指の向きになる。

(2) 電流の向きを逆向きにすると，コイルの中の磁界の向きも逆向きになる。

(3) 同じ実験装置を使うので，ここでは電流の大きさを大きくする。

4

(1) 電流の向きか磁界の向きのどちらかを逆にすればよい。

(2) 抵抗の小さい電熱線を使うと，流れる電流が大きくなるので，導線Xの振れ方も大きくなる。

(3) モーターは，コイルを流れる電流が磁石の磁界から受ける力を利用して，コイルが連続的に回転するようにできている。

1 電流の向きと電子が移動する向きは逆になることに注意しましょう。ちなみにこの理由は、「電流は＋極から－極の向きに流れる」と決められた後に電子が発見されたからです。

2 電流は目に見えないですが、電流の正体である電子の流れが、クルックス管という真空放電管を利用することによって目に見えるようになるという、よく問われる実験です。電子線がどちらの電極から出ているか、上下のどちら側に傾いているかに注目することが大事です。

3 電流が流れる導線のまわりにできる磁界の向きは、電流がまっすぐな導線を流れる場合と、コイルを流れる場合の2つがよく問われます。いずれも、電流が流れる向きによって決まるので、電流の向きと磁界の向きをセットで覚えるとよいでしょう。

4 電流の向きと磁界の向きのどちらか一方のみを変えたときに、力の向きが逆になります。2つの向きを同時に変えた場合は、力の向きは変わらないことに注意しましょう。

📖 覚えておきたい知識

【静電気と電流】

- 静電気…摩擦によって物質にたまった電気。
- 電子…－の電気をもつ粒子。電子の移動の方向は－極から＋極の向きで、電流の向きとは逆になる。
- 電子線（陰極線）…クルックス管の－極から出ている電子の流れ。

【電流と磁界】

- 磁界の向き…方位磁針のN極が指す向き。
- 磁力線…磁界のようすを表した線。N極から出てS極に入る。
- 電磁誘導…コイルの中の磁界が変化すると、コイルに電流が流れる現象。
- 誘導電流…電磁誘導によって流れる電流。

まっすぐな導線を流れる電流がつくる磁界

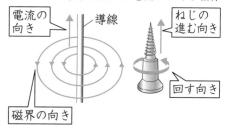

コイルを流れる電流がつくる磁界

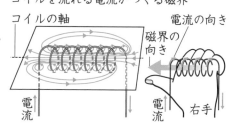

答え

1 (1) マグマ　(2)① B　② A　(3) B→C→A
(4)A ウ　B イ　C ア

2 (1)X 等粒状組織　Y 斑状組織　(2)a 石基　b 斑晶
(3)X （例）マグマが地下の深いところでゆっくり冷え固まってきた。
Y （例）マグマが地表や地表付近で急に冷え固まってきた。

3 (1)A 初期微動　B 主要動　(2) 8秒　(3) A　(4) 7.5km/s

4 (1) 4km/s　(2) 7.5秒　(3) 20秒

5 (1) （例）震源の真上の地表の地点。　(2) 小さくなる
(3)記号 A　理由 （例）ゆれの範囲が広いから。

解説

1

(2)① マグマのねばりけが強いBの形の火山は，火山ガスが抜け出しにくく，爆発的な噴火をすることが多い。
② マグマのねばりけが弱いAの形の火山の火山噴出物は，黒っぽい色をしている。
(3) マグマのねばりけが弱いほど，火山の傾斜はゆるやかになる。

2

(1) 等粒状組織は，同じくらいの大きさの鉱物が組み合わさっている。斑状組織は，鉱物の大きさにばらつきがある。
(2) 斑状組織は，細かい粒などでできた部分（石基）に，大きな鉱物の結晶（斑晶）が散らばったつくりをしている。

3

(2) 35分58秒 − 35分50秒 = 8[秒]
(3) 初期微動はP波によるゆれ，主要動はS波によるゆれである。

(4) 地点XにP波が到着するまでの時間は，35分50秒 − 35分42秒 = 8[秒]
P波の速さは，$\dfrac{60[km]}{8[s]} = 7.5[km/s]$

4

(1) $\dfrac{20[km]}{5[s]} = 4[km/s]$

(2) 震源から60kmの地点にP波，S波が到着するまでの時間の差を読みとる。
(3) 初期微動継続時間は震源からの距離に比例するから，
60[km]：7.5[秒] = 160[km]：x[秒]
よって，$x = 20$

5

(1) 震央は，震源の真上の地表の地点であり，地表で震源に最も近い地点である。
(3) マグニチュードが大きいほど，震央付近の震度は大きくなり，ゆれの範囲が広くなる。

1 火山の噴火のようすや，火山灰や火山噴出物の色などは，火山の形によってそれぞれ特徴があります。どの特徴も，マグマのねばりけと関係していることをおさえておきましょう。

2 火成岩は，マグマの冷え方の違いによって，つくりが異なる火山岩と深成岩に分けられます。マグマがゆっくり冷えると，鉱物の結晶が成長して斑晶となり，マグマが急に冷えると，鉱物の結晶が成長せず小さいまま残って石基となります。

3 地震では，Ｐ波の伝わる速さのほうが速いため，震源から遠いほどＳ波との差が大きくなります。波の到着時刻から波の伝わる速さを求める問題は頻出なので，慣れておきましょう。

4 初期微動継続時間は，Ｐ波とＳ波の到着時刻の差です。グラフから読みとれるようにしておきましょう。Ｐ波とＳ波の伝わる速さは一定なので，初期微動継続時間も一定の割合で大きくなり，震源からの距離に比例します。

5 震度はある地点の地震のゆれの大きさ，マグニチュードは地震の規模（エネルギー）の大きさを表します。震源が同じ地震では，マグニチュードが大きいほど，震央付近の震度やゆれを感じる範囲も大きくなります。

📖 **覚えておきたい知識**

【火山と火成岩】
・火山の形…マグマのねばりけが弱いと傾斜がゆるやかな形，ねばりけが強いとおわんを伏せたような形（溶岩ドーム）になる。
・火成岩のつくり…斑状組織と等粒状組織。
・鉱物…無色鉱物（セキエイ，チョウ石）
　　　　有色鉱物（クロウンモ，カクセン石，キ石，カンラン石，磁鉄鉱）

火山岩
斑状組織　斑晶　石基
深成岩
等粒状組織

【地震のゆれ】
・震央…震源の真上の地表の地点。
・地震のゆれ…初期微動（Ｐ波によるゆれ）と主要動（Ｓ波によるゆれ）。
・初期微動継続時間…Ｐ波とＳ波が届いた時刻の差。震源からの距離に比例する。
・震度…地震のゆれの大きさ。
・マグニチュード…地震の規模（エネルギー）の大きさ。

答え

1 (1) れき→砂→泥　(2) 粒が大きいもの　(3) A　(4) 小さくなる
2 (1) 露頭　(2) 柱状図　(3)① E　② A
　(4) (例) 土地が変動したから。
3 (1) D　(2)A 砂岩　B れき岩　(3) ウ
　(4) (例) 流水によって運搬される間に削られたから。
4 (1) 示準化石　(2)A イ　B ア
　(3)C イ　D ア

解説

1

(1) 粒の直径が約 0.06mm〜2mm のものが砂，砂より大きい粒がれき，砂より小さい粒が泥である。

(2) 水中の土砂は，粒が大きいものほど速く沈む。

(3) 川によって運ばれた土砂は，粒が大きいものほど速く沈み，粒が小さいものほど遠くまで運ばれるので，海岸に近いAにはれきや砂が，Bにはそれより小さい砂が，Cには泥が堆積する。

(4) 粒が大きいものほど速く沈むので，河口から遠ざかるにつれて，堆積物の粒の大きさは小さくなる。

2

(1) 地層はふつう，表土や植物におおわれて見ることはできないが，がけや切通しなどで見られることがあり，このようなところを露頭という。

(2) ある地点の地層の重なり方を柱状に表したものを，柱状図という。

(3)① 地層はふつう，下にある層ほど古く，上にある層ほど新しい。

(4) 地層を陸上で見ることができるのは，長い年月をかけて海底などに堆積した地層が，隆起などの土地の変動によって陸上に現れたからである。

3

(1) 火山灰などの火山噴出物が押し固められてできた堆積岩を，凝灰岩という。角ばった粒が多くふくまれている。

(2)(3) A〜Cの堆積岩は粒の大きさで区別される。粒の大きさは，「れき岩＞砂岩＞泥岩」の順に大きい。

(4) 流水による運搬の途中で岩石が削られて角が取れ，丸みを帯びる。

4

(1) 示準化石となるのは，広範囲で生息し，短い期間に栄えて絶滅した生物である。

(2) Aはアンモナイト，Bはサンヨウチュウの化石である。

(3) Cのサンゴはあたたかくてきれいな浅い海，Dのシジミは海水と淡水が混じったところで生息する生物である。このような生物の化石を，示相化石という。

1　土砂が水中で沈むときは，大きい粒ほど速く沈み，粒が小さくなるほど沈みにく く遠くまで運ばれることを確認しておきましょう。粒の大きさの違いは，地層のでき方を考えるときに大事になります。

2　地層は土砂が下から上に積み重なってできるので，地層は上の層ほど新しく，下の層ほど古いというのが基本です。地層が上下に逆転していたり，断層があったりする場合は例外もありますが，まずはこの基本をしっかり覚えておきましょう。また，火山灰の地層は，その時期に火山の噴火があったことを示しています。

3　堆積岩は，そのでき方によって分けられます。流水のはたらきでできた堆積岩，火山噴出物でできた堆積岩，生物の遺骸などからできた堆積岩などです。大きくこの3種類に分けて，それぞれ特徴を整理するとよいでしょう。

4　古生代，中生代，新生代の示準化石や，地層が堆積した当時の環境を示す示相化石については，代表的なものをそれぞれいくつか覚えておきましょう。

覚えておきたい知識

【地層のでき方】
・粒の大きさ…れき＞砂＞泥
・海岸付近にはれきが，沖合には
　細かい砂や泥が堆積する。

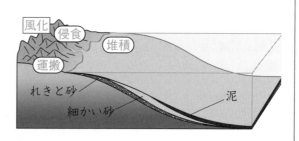

【堆積岩と化石】
・堆積岩…堆積物が押し固められてできた岩石。
　　流水のはたらきでできた堆積岩：れき岩，砂岩，泥岩（粒の大きさで区別する）
　　火山の噴出物でできた堆積岩：凝灰岩
　　生物の遺骸などからできた堆積岩…石灰岩，チャート
　石灰岩は，うすい塩酸を加えると二酸化炭素が発生する。
　チャートは，非常にかたく，塩酸とは反応しない。
・示相化石…地層が堆積した当時の環
　境を推定できる。

サンゴ	アサリ	シジミ
あたたかくて浅い海	浅い海	河口や湖

・示準化石…地層が堆積した年代を推
　定できる。

フズリナ	アンモナイト	ビカリア
古生代	中生代	新生代

答え

1 (1) B　　(2) 17℃　　(3) 70%　　(4)① イ　　② イ
2 (1) 1500Pa　　(2)① a　　② c　　(3) 大気圧（気圧）
3 (1) ウ　　(2) （例）水温を室温とほぼ同じにするため。
　　(3)① 17.3g　　② 75%
4 (1)① ア　　② ア　　③ イ
　　(2) 露点　　(3) イ

解説

1
(1) 湿球温度計の球部は，水でぬらした布で包まれていて，水が蒸発するときにまわりの熱を奪うため，湿球温度計の示度のほうが低くなる。

(2) 乾球温度計の示度が気温を示す。

(3) 乾球の示度が17℃，乾球と湿球の示度の差が3℃の部分を読みとる。

(4) 乾湿計は，球部が地面から1.5m程度の高さにくるようにしておく。また，直射日光が当たらないように，日陰に置く。

2
(1) 物体がスポンジと接する面積は，
$$0.05[m] \times 0.02[m] = 0.001[m^2]$$
圧力は，$\dfrac{1.5[N]}{0.001[m^2]} = 1500[Pa]$

(2)① 力の大きさが同じだから，力がはたらく面積が小さいaのほうが圧力は大きくなる。

② 力がはたらく面積が同じだから，力の大きさが大きいcのほうが圧力は大きくなる。

(3) 大気圧は，大気にはたらく重力によって生じる圧力のことである。

3
(1)(2) コップ内の水温とコップのまわりの空気の温度がなるべく同じになるようにする。

(3)① 水温を下げていき，水温が20℃になったときにコップの表面に水滴がつき始めたので，空気1m³中にふくまれる水蒸気量は表より17.3gである。

② 室内の空気の温度は25℃だから，飽和水蒸気量は表より，23.1g/m³である。

湿度は，$\dfrac{17.3[g/m^3]}{23.1[g/m^3]} \times 100 = 74.8\cdots[\%]$

よって，四捨五入すると75%

4
(2) 空気中の水蒸気が水滴に変わる温度を，露点という。

(3) アとウでは上昇気流が発生するため，雲ができやすい。イでは下降気流が発生するため，雲はできにくい。

1 乾湿計の読みとり方を復習しておきましょう。湿球と乾球の示度の差が大きくなるのは，湿球から水がさかんに蒸発する，湿度が低いときです。湿球と乾球の示度の差が0ならば，湿球から水が蒸発していないので，湿度は100％です。

2 圧力の定義を確認しましょう。力がはたらく面積と加える力の大きさを考えるのがポイントです。その際，面積の単位はm^2として計算することに注意しましょう。

3 この実験では，コップのまわりの空気の温度を水温ではかるので，熱を伝えやすい金属の性質を利用して，水温，コップ，空気の温度がなるべく同じになるようにしています。実験の問題では，なぜそうするのかという理由をおさえるようにしましょう。

4 雲ができるしくみについての問題です。空気のかたまりが上昇すると，気圧が低くなるため空気が膨張して温度が下がり，温度が露点以下になると雲が発生します。雲は上昇気流のあるところで発生しやすくなります。

📖 覚えておきたい知識

【気象要素】
- 気温…空気の温度。地表から約1.5mの高さではかる。
- 湿度…空気中に水蒸気がふくまれている度合い。
- 風向…風がふいてくる方向。
- 圧力…一定の面積あたりに垂直にはたらく力の大きさ。単位はパスカル（Pa）。
- 大気圧…大気にはたらく重力によって生じる圧力。単位はヘクトパスカル（hPa）。
   $1hPa＝100Pa＝100N/m^2$　　　1気圧＝約1013hPa＝約$100000N/m^2$

【大気中の水蒸気の変化】
- 飽和水蒸気量…空気$1m^3$中にふくむことができる水蒸気の最大量。気温が高いほど大きくなる。

$$湿度[\%]＝\frac{空気1m^3中の水蒸気量[g/m^3]}{その気温での飽和水蒸気量[g/m^3]}\times100$$

- 露点…空気中の水蒸気が水滴になり始める（凝結し始める）温度。
- 雲のでき方…水蒸気をふくむ空気が上昇すると，気圧が低くなるため空気が膨張して温度が下がる。露点以下になると，空気中にふくみきれなくなった水蒸気が，空気中の小さなちりを凝結核として，無数の細かい水滴となり，雲が発生する。

答え

1 (1)　1012hPa　(2)　ア　(3)　エ　(4)　B　(5)　E　(6)　ア
2 (1)①　上がる　　②　エ　(2)①　ア　②　イ　③　ア
　　(3)　(例) 南寄りの風から北寄りの風に変わる。
3 (1)　B　(2)　小笠原気団
　　(3)　ウ　(4)　停滞前線 (梅雨前線)

解説

1

(1)　等圧線は4hPaごとに引かれている。点Cは，1020hPaの高気圧から低気圧に向かって2本目の等圧線上にある。

(2)　点Aは高気圧の中心，点Bは低気圧の中心である。点Bの上空にある点Xは，点Bより気圧が低い。

(3)　低気圧の地上付近では，反時計回りに風がふきこむ。高気圧の地上付近では，アのように時計回りに風がふき出す。

(4)　低気圧の中心付近では，上昇気流が起こるので，雲が発生しやすい。

(5)　等圧線の間隔が狭いところほど，気圧の差が大きいので，風が強くふく。

(6)　高気圧の中心からは時計回りに風がふき出している。風向は風がふいてくる方向のことなので，点Fでは北寄りの風がふいていると考えられる。

2

(1)　低気圧が発生すると，低気圧の中心から東側に温暖前線が，西側に寒冷前線ができる。

　　①　前線Aは温暖前線である。温暖前線が通過すると，地表面は暖気におおわれるので，気温が上がる。

　　②　前線Bは寒冷前線である。寒冷前線が通過すると，地表面は寒気におおわれて気温が下がる。図1より，地点Pでは，5時から6時の間に気温が急に下がっている。

(2)　寒冷前線では，寒気が暖気の下にもぐりこみ，暖気を急激に押し上げているので，強い上昇気流が生じて積乱雲が発生する。積乱雲の下では，短時間に激しい雨が降ることが多い。

(3)　寒冷前線が通過する前後で，風向は南寄りから北寄りに変わる。

3

(1)　冬は，西の大陸上に高気圧，東の海上に低気圧 (西高東低の気圧配置) が発達することが多い。

(2)　太平洋上に発達するあたたかく湿った気団は小笠原気団で，夏に発達する。

(3)　Cの天気図は，高気圧と低気圧が交互に日本付近を通過して，天気が周期的に変わる春や秋に見られる。

(4)　前線⑦は停滞前線で，特につゆの時期の停滞前線を，梅雨前線という。

1 高気圧と低気圧は，中心付近の気圧，気流，天気，風向などが，互いに反対の関係になります。それぞれを比較しながら，表などにまとめて整理したうえで，天気図からそれらを読みとれるようになりましょう。

2 前線は，寒冷前線，温暖前線，閉塞前線，停滞前線の4つがあるので，それぞれの特徴をまずはおさえましょう。特に寒冷前線については，通過前後の気温，風向，天気，雨のようすなどがよく問われるので，ポイントをまとめておきましょう。

3 天気図を見比べるときのポイントは，気圧の配置と前線の有無です。天気図は，各季節の典型的なものが問われることが多く，見分けやすいものが多いです。

📖 覚えておきたい知識

【前線と天気の変化】
- 高気圧…等圧線が丸く閉じ，まわりより気圧が高いところ。
- 低気圧…等圧線が丸く閉じ，まわりより気圧が低いところ。
- 等圧線…気圧の値が等しい地点を結んだ曲線。風は，気圧が高いほうから低いほうに向かってふき，等圧線の間隔が狭いところほど風が強い。
- 寒冷前線と天気…積乱雲が発達，強い雨が狭い範囲に短時間降る。
- 温暖前線と天気…乱層雲が発達，弱い雨が広い範囲に長時間降る。

【大気の動きと日本の天気】
- 季節風…夏は海洋から南東の風，冬は大陸から北西の風がふく。
- 日本の天気の特徴
  - 冬…西高東低の気圧配置。北西の季節風がふく。
  - 春・秋…低気圧と移動性高気圧が交互に通過する。
  - つゆ…停滞前線（梅雨前線）によって，雨やくもりの日が続く。
  - 夏…南高北低の気圧配置。南東の季節風がふく。

28 地球と宇宙①

答え

1 (1)① O　② B　(2) ∠AOM（∠MOA）
　(3)（例）地球が一定の速さで自転しているから。　(4) P

2 (1) 3時間おき　(2) E　(3) ウ
　(4)（例）北極星は地軸の延長線上にあるから。

3 (1) ウ　(2) しし座　(3) 約30°　(4) 午後8時

4 (1) ア　(2)① イ　② イ
　(3)① 高くなる　② 長くなる

解説

1

(1)① 透明半球上の太陽の位置は，O（観測者）から見た太陽の方向にあたる。

② Aは南，Cは北，Bは東，Dは西。日の出の位置はBである。

(2) 南中した位置がMだから，太陽の南中高度は∠AOM（∠MOA）である。

(3) 太陽が一定の速さで動いて見えるのは，地球が地軸を中心に西から東へ一定の速さで自転しているからである。

(4) 赤道付近では，太陽は東からのぼり，真上を通って西に沈むから，太陽が南中したときの位置はPである。

2

(1) 北の空の星は，北極星を中心に1時間に約15°回転する。45°は3時間の星の動きを示す。

(2) 北の空の星は反時計回りに動くので，午後6時にはEの位置にある。

(3) Bは，Dから6時間後の位置である。

(4) 北極星は地軸の方向にあるため，地球から見ると動いていないように見える。

3

(1) オリオン座は真夜中に南中しているから，地球から見て太陽と反対方向にあることがわかる。

(2) オリオン座が南中したとき，東にはしし座，西にはみずがめ座が見える。

(3) 同じ時刻に同じ場所で見える星座は，日ごとに少しずつ東から西へ動き，1年（12か月）で360°動くから，1か月では約，360°÷12＝30°移動する。

(4) 2か月後の午前0時には，真南から30°×2＝60°西へ移動している。
よって，南中するのは午前0時から，
60°÷15°＝4[時間前]

4

(1) 地球がBの位置にあるときは，北半球に太陽の光が多く当たっているので，夏至である。Aの位置はこれから夏至に向かう位置なので，春分である。

(2)(3) 春分から夏至に向かうときなので，日の出と日の入りの位置はどちらも北へ移動し，太陽の南中高度は高く，昼の長さは長くなる。

1 太陽の1日の動きは，地球の自転による見かけの動きです。太陽が一定の速さで動いて見えるのも，地球が一定の速さで自転しているからです。

2 星の日周運動は，1時間に約15°，南の空の星は東から西へ，北の空の星は北極星を中心に反時計回りに動いて見えます。このことをおさえておけば，経過した時間や星が動いた角度の条件から，答えを求めることができます。

3 星の年周運動は，1か月に約30°，南の空の星は東から西へ，北の空の星は北極星を中心に反時計回りに動いて見えます。日周運動と年周運動を両方考える場合は複雑になるので注意しましょう。また，年周運動1か月分（30°）の動きは，日周運動2時間分（15°×2）の動きと同じです。

4 地球の地軸の傾きに注目しましょう。地軸が太陽側に傾いているときは夏至の位置，地軸が太陽と反対側に傾いているときは冬至の位置です。

📓 **覚えておきたい知識**

【星や太陽の日周運動】
・地球の自転…地球が地軸を中心に，1日に1回転する運動。
・太陽の日周運動…地球の自転による太陽の見かけの運動。東から出て南の空を通り，西に沈む。
・星の日周運動…地球の自転によって，1時間で約15°移動する。

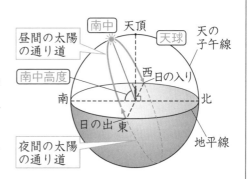

【星の年周運動】
・地球の公転…地球が太陽のまわりを1年に1周する運動。
・星の年周運動…同じ時刻に同じ場所で見える星座の位置は，地球の公転によって，1か月に約30°移動する。
・黄道…天球上での太陽の通り道。

【季節の変化】
・地球が地軸を約23.4°傾けたまま公転しているため，季節によって太陽の南中高度や昼の長さが変化し，季節の変化が生じる。

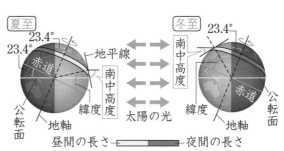

答え

1 (1)① 上弦の月　② A　③ ウ　(2)① D　② エ

2 (1) ア, エ　(2)① D, E　② A　③ D

　　(3)A イ　B ウ　D カ

3 (1) C　(2) E　(3) A, B　(4) 小惑星

　　(5) エ　(6) エ　(7) 太陽

解説

1

(1)②③　上弦の月はAの位置にあるとき
　　に見える。日の入り直後に南の空に
　　見え, しだいに西のほうへ動いてい
　　き, 真夜中に西の空に沈む。

(2)①　日の出直前に南西の空に見える月
　　は, Dの位置のときに見える月であ
　　る。

　②　満月の後, しだいに右側から欠け
　　始めるが, まだ半月（下弦の月）に
　　はなっていない月である。

2

(1)　金星は, 地球の内側を公転している
　　惑星なので, 太陽が見えている間は明
　　るすぎて見ることができない。夕方の
　　西の空か, 明け方の東の空に見ること
　　ができる。

(2)①　AとBの金星は夕方に見え, Dと
　　Eの金星は明け方に見える。CとF
　　の位置の金星は, 地球から見ること
　　ができない。

　②　金星が小さく見えるのは, Fの位
　　置を除き, 地球から最も離れている
　　ときである。

　③　金星が最も欠けて見えるのは, C
　　の位置を除き, 地球に最も近づいた

ときである。

(3)　Aの位置の金星は, 左側が少し欠け
　　た形。Bの位置の金星は, 右半分が
　　光っている半月のような形。Dの位置
　　の金星は, 右側が大きく欠け, 細く
　　光っている三日月のような形。

3

(1)　公転周期は太陽から離れるほど長く
　　なる。太陽に近い順に並べると, E→
　　C→地球→D→A→Bとなる。

(2)　半径が最も小さい惑星は水星である。

(3)　表より, AとBは密度が小さいから
　　木星型惑星, C, D, Eは密度が大き
　　いから地球型惑星である。

(4)　Dは火星, Aは木星である。火星と
　　木星の軌道の間には, 岩石でできた多
　　くの小惑星がある。

(5)　Cの金星は, 濃度が高い二酸化炭素
　　の大気でおおわれている。

(6)　木星型惑星は主に気体でできている
　　ため, エは誤りである。

(7)　太陽のように, みずから光を出して
　　輝いている天体を, 恒星という。

1 満月は夕方に東からのぼり，真夜中に南中し，明け方に西に沈みます。上弦の月は昼に東からのぼり，夕方に南中し，真夜中に西に沈みます。下弦の月は真夜中に東からのぼり，明け方に南中し，昼に西に沈みます。

2 金星は地球の内側を公転しているので，太陽から大きく離れることはありませんが，月の満ち欠けと違って地球との距離が変わるため，見える大きさが変化します。

3 太陽系の惑星全体の特徴として，太陽を中心に同じ向きに公転している，太陽から離れるほど公転周期は長い，地球型惑星と木星型惑星がある，などのことがらをおさえておきましょう。

📖 **覚えておきたい知識**

【月の動きと見え方】

・月の満ち欠け…月が地球のまわりを公転することで，太陽・月・地球の位置関係が変わり，月の見かけの形が変わる。

・日食…太陽，月，地球がこの順で一直線に並び，太陽が月に隠される現象。

・月食…太陽，地球，月がこの順で一直線に並び，月が地球の影に入る現象。

【金星の動きと見え方】

・金星は，地球の公転軌道の内側を公転している。

・夕方の西の空か，明け方の東の空に見える。

【太陽系の惑星】

・木星型惑星…質量は大きく，密度は小さい。木星，土星，天王星，海王星。

・地球型惑星…質量は小さく，密度は大きい。水星，金星，地球，火星。

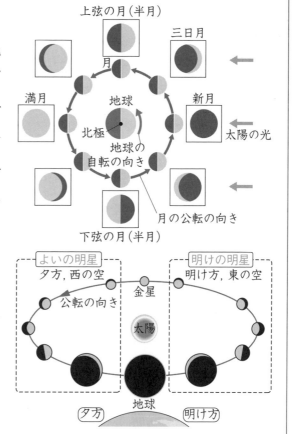

答え

1 (1) 草食動物　(2) 生産者
(3)① ふえる　② （ア）→ウ→イ→エ→（オ）

2 (1)A O$_2$　B CO$_2$　(2)C 光合成　D 呼吸　(3) 分解者

3 (1)① ウ　② エ　③ オ　④ イ　⑤ ア
(2) （例）（地表に届く）生物に有害な紫外線の量がふえ，生物に悪影響を及ぼす。

4 (1)A 地熱発電　B 風力発電　C 太陽光発電
(2)⑦ マグマ（マグマだまり）　⑦ 騒音
(3) （例）発電量が天候に左右され，夜間は発電できないから。
(4) バイオマス

解説

1
(2) Cの植物は，光合成を行う生産者。Bの草食動物とAの肉食動物は，Cがつくった有機物を利用する消費者。
(3) Aの肉食動物が減少すると，Aが食べていたBの草食動物がふえる（ア）。BがふえるとCの植物が食べられて減り，Bを食べるAはふえる（ウ）。その後，Cが減ったためBは減る（イ）。すると，Bを食べるAが減り，Bの数量がもどる（エ）。Bの数量がもどると，Aの数量ももどる（オ）。

2
(1) Aは植物が排出，吸収を行い，その他の生物は吸収だけなので酸素。Bは植物が排出，吸収を行い，その他の生物は排出だけなので二酸化炭素。
(2) Cは，植物だけが行う光合成，Dはすべての生物が行う呼吸である。
(3) 有機物を無機物に分解するはたらきに関わる微生物などを，分解者という。

3
(1) 酸性雨は，窒素酸化物や硫黄酸化物からできる硝酸や硫酸が原因である。
(2) オゾン層は，生物に有害な紫外線を吸収している。オゾン層のオゾンが減少すると，地表に届く紫外線量がふえて，生物が悪影響を受ける。

4
(1)(2) 地下のマグマの熱を利用する地熱発電は，設置場所が限られる。風力発電では，プロペラの回転音が騒音の問題になることがある。
(3) 太陽光発電は，天気によって発電量が大きく変わり，不安定である。
(4) バイオマスは，植物が光合成によって大気中の二酸化炭素をとりこんでできたものであり，燃料として使っても大気中の二酸化炭素がふえる原因にはならない。この性質は，カーボンニュートラルとよばれている。

 **学習のアドバイス** ················ 得点が低かったところを読もう！················

1 植物，草食動物，肉食動物の増減は，互いに連動しています。草食動物がふえると，草食動物に食べられる植物は減り，草食動物を食べている肉食動物の数がふえます。食物連鎖の一連の流れを，自分の言葉で説明できるようになるとよいでしょう。

2 生産者，消費者，分解者のはたらきを確認しましょう。光合成や呼吸による酸素や二酸化炭素の出入りについても間違えないようにしましょう。

3 地球温暖化やオゾン層の破壊，酸性雨などの環境問題については，原因となる物質や，どのような悪影響があるのかについてまとめておきましょう。

4 地熱発電，風力発電，太陽光発電，バイオマス発電など，再生可能エネルギーを利用した発電には長所と短所があります。それぞれを整理して，簡潔に説明できるようにしておきましょう。

覚えておきたい知識

【自然界のつり合い】

・食物連鎖…生物どうしの「食べる・食べられる」という関係のつながり。
・生産者…無機物から有機物をつくり出す植物。
・消費者…ほかの生物を食べることで，有機物を得る動物。
・生物の数量的関係…食べる生物より，食べられる生物のほうが多い。

【物質の循環】

・分解者…生物の遺骸や排出物などの有機物を無機物にまで分解するはたらきに関わる，土の中の小動物や微生物。
・微生物…菌類（カビ，キノコなど）や，細菌類（大腸菌など）。

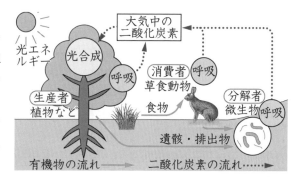

【科学技術と人間】

・化石燃料…石油，石炭，天然ガスなど。
・再生可能エネルギー…いつまでも利用でき，発電時に二酸化炭素や汚染物質を排出せず，環境を汚すおそれが少ないエネルギー。

61

理解度チェックシート

各単元の得点を棒グラフに整理して，自分の弱点を「見える化」しましょう！

単元	~50	60	70	80	90	100点
				合格ライン		
例 ○○○○						
1 いろいろな生物とその共通点①						
2 いろいろな生物とその共通点②						
3 いろいろな生物とその共通点③						
4 生物のからだのつくりとはたらき①						
5 生物のからだのつくりとはたらき②						
6 生物のからだのつくりとはたらき③						
7 生命の連続性①						
8 生命の連続性②						
9 身のまわりの物質①						
10 身のまわりの物質②						
11 化学変化と原子・分子①						
12 化学変化と原子・分子②						
13 化学変化と原子・分子③						
14 化学変化とイオン①						
15 化学変化とイオン②						
16 化学変化とイオン③						
17 光と音の性質						
18 力						
19 物体の運動						
20 仕事とエネルギー						
21 電流とその利用①						
22 電流とその利用②						
23 電流とその利用③						
24 大地の変化①						
25 大地の変化②						
26 天気とその変化①						
27 天気とその変化②						
28 地球と宇宙①						
29 地球と宇宙②						
30 自然・科学技術と人間						

単元	~50	60	70	80	90	100点
				合格ライン		
例 ○○○○						
1 いろいろな生物とその共通点①						
2 いろいろな生物とその共通点②						
3 いろいろな生物とその共通点③						
4 生物のからだのつくりとはたらき①						
5 生物のからだのつくりとはたらき②						
6 生物のからだのつくりとはたらき③						
7 生命の連続性①						
8 生命の連続性②						
9 身のまわりの物質①						
10 身のまわりの物質②						
11 化学変化と原子・分子①						
12 化学変化と原子・分子②						
13 化学変化と原子・分子③						
14 化学変化とイオン①						
15 化学変化とイオン②						
16 化学変化とイオン③						
17 光と音の性質						
18 力						
19 物体の運動						
20 仕事とエネルギー						
21 電流とその利用①						
22 電流とその利用②						
23 電流とその利用③						
24 大地の変化①						
25 大地の変化②						
26 天気とその変化①						
27 天気とその変化②						
28 地球と宇宙①						
29 地球と宇宙②						
30 自然・科学技術と人間						

※理解度チェックシートは，2回分つけてあります。有効に活用してください。

63

次はこの本がオススメ！

このページでは，本書の学習を終えた人に向けて，数研出版の高校入試対策教材を紹介しています。明確になった今後の学習方針に合わせて，ぜひ使ってみてください。

① すべての単元が，「合格ライン」80 点以上の場合

『高校入試5科　頻出問題徹底攻略』
- 全国の公立高校入試から頻出問題を厳選した問題集。英，数，国，理，社5教科の過去問演習がこの1冊で可能。
- 別冊解答では，答えと解説に加えて，必要な着眼点や注意事項といった入試攻略のポイントを丁寧に解説。
- 入試本番を意識した模擬テストも付属。

こんな人にオススメ！
- 基礎が身についており，入試に向けて実戦力をつけたい人
- 効率よく5教科の問題演習や対策を行いたい人

② 一部の単元が，「合格ライン」80 点に届かない場合

『チャート式シリーズ　中学理科　総仕上げ』
- 中学3年間の総復習と高校入試対策を1冊でできる問題集。復習編と入試対策編の2編構成。
- 復習編では，中学校の学習内容を網羅し，基本問題と応用問題で段階的な学習が可能。
- 入試対策編では，入試で頻出のテーマを扱い，実戦力を強化。

こんな人にオススメ！
- 基礎から応用，入試対策までを幅広くカバーしたい人
- 苦手分野の基礎固めを完成させたい人

③ 多くの単元が，「合格ライン」80 点に届かない場合

『とにかく基礎　中1・2の総まとめ　理科』
- 中1，2でおさえておきたい重要事項を1冊に凝縮した，効率よく復習ができる問題集。
- いろいろな出題形式で基本問題を反復練習できるようになっており，基礎固めに最適。
- 基礎知識を一問一答で確認できる，ICTコンテンツも付属。

こんな人にオススメ！
- 中1，2の内容を基礎からもう一度復習したい人
- 基本問題の反復練習で，知識をしっかりと定着させたい人